TATHIANE DEÂNDHELA

FAÇA SUA COMUNICAÇÃO ENRIQUECER VOCÊ

Descubra como fazer sua voz ser ouvida e transforme sua história e mensagem em uma mina de ouro

Diretora
Rosely Boschini

Gerente Editorial Sênior
Rosângela de Araujo Pinheiro Barbosa

Editora Júnior
Carolina Forin

Assistente Editorial
Tamiris Sene

Produção Gráfica
Fábio Esteves

Preparação
Giulia Molina

Capa
Rafael Nicolaevsky

Projeto gráfico e diagramação
Vanessa Lima

Revisão textual-artística
Edilson Menezes

Revisão
Amanda Oliveira

Impressão
Edições Loyola

Copyright © 2022 by
Tathiane Deândhela
Todos os direitos desta edição
são reservados à Editora Gente.
Rua Natingui, 379 – Vila Madalena
São Paulo, SP – CEP 05443-000
Telefone: (11) 3670-2500
Site: www.editoragente.com.br
E-mail: gente@editoragente.com.br

CARO LEITOR,
Queremos saber sua opinião sobre nossos livros. Após a leitura, curta-nos no
facebook.com/editoragentebr, siga-nos no **Twitter @EditoraGente**, no **Instagram @editoragente** e visite-nos no site **www.editoragente.com.br**.
Cadastre-se e contribua com sugestões, críticas ou elogios. Boa leitura!

Dados Internacionais de Catálogo na Publicação (CIP)
Angélica Ilacqua CRB-8/7057

Deândhela, Tathiane
    Faça sua comunicação enriquecer você: descubra como fazer sua voz ser ouvida e transforme sua história e mensagem em uma mina de ouro / Tathiane Deândhela – São Paulo: Editora Gente, 2022.
    192 p.

ISBN 978-65-5544-229-8

1. Desenvolvimento pessoal 2. Comunicação 3. Oratória 4. Sucesso I. Título

21-3147
    CDD 158.1

Índice para catálogo sistemático:
1. Desenvolvimento pessoal

Nota da publisher

Da palavra escrita na pedra aos vídeos do TikTok, comunicar-se nunca foi tão importante como nos dias de hoje. A ascensão da internet e o crescimento das redes sociais transformaram a maneira como nos expressamos e como consumimos informação no dia a dia e até mesmo o modo de conduzirmos nossos negócios. Portanto, aprender a se comunicar corretamente não é uma obrigação, mas uma necessidade!

Sempre digo para meus autores que viemos ao mundo para espalhar nossa mensagem e que, ao fazer isso, estamos vivendo com propósito. Aprendi na pele que é impossível não crescer e impactar os outros quando deixamos nossa missão nos guiar. No entanto, para que essa mensagem seja efetivamente transmitida, é preciso saber se comunicar.

E é aí que entra a experiência e o profissionalismo de Tathiane Deândhela. Além de autora querida da casa e responsável pelo importantíssimo best-seller Faça o tempo enriquecer você, é fundadora e CEO do Instituto Deândhela®, referência na formação de profissionais e capaz de transformar qualquer pessoa em um comunicador memorável. Com este livro, a autora vem para mostrar que não é necessário nascer com um dom para ser ouvido e, ainda mais importante, impactar a vida de outras pessoas.

Com mais de quinze anos de experiência como comunicadora e mentora nas áreas de educação, treinamento e produtividade, Tathiane vai nos guiar por um passo a passo prático que revoluciona a maneira como passamos a nossa mensagem para o mundo. Neste livro, a autora, com todo seu conhecimento acerca do ser humano, vai ensiná-lo a se comunicar de maneira envolvente e a transformar essa habilidade em uma ferramenta de impacto, enriquecimento e, claro, propósito.

Em Faça sua comunicação enriquecer você, Tathiane Deândhela mostra o caminho para aliar conhecimento, missão e comunicação em um produto poderoso e ensina como o que dizemos e a maneira como falamos podem trazer resultados financeiros, reconhecimento e transformação para a nossa vida e para a dos outros.

Chegou o momento de você se fazer ouvir e amplificar a sua mensagem por meio de uma comunicação enriquecedora. Vamos juntos?

Rosely Boschini – CEO e Publisher da Editora Gente

Dedicatória

Dedico este livro à minha amiga e aluna de todos os meus treinamentos Sandra Maia, que destinou cada minuto de sua vida a fazer o bem pelo próximo e, infelizmente, não está mais entre nós.

E a todos os Memoráveis que acreditaram, confiaram e aplicaram este método e hoje inspiram diariamente milhões de vidas.

Como sempre digo, no nosso vocabulário do "in" e "im":

Vocês são imbatíveis, imparáveis e invencíveis!

Agradecimentos

Há sempre pessoas generosas e dispostas a contribuir com uma causa nobre! E o que seria mais nobre e poderoso do que formar líderes memoráveis capazes de transformar a vida de multidões? Por isso, sou muito grata a cada pessoa que passou pelo meu caminho e colaborou de alguma forma com esse propósito!

Também deixo meu carinho à minha mãe, que sempre me apoiou em minhas loucuras, mesmo quando nem ela acreditava que poderia dar certo!

Meu obrigada especial à minha equipe, que trabalha incansavelmente pra gerar transformação na vida dos nossos alunos por meio deste método, resultando em milhões de jornadas impactadas todos os anos.

À minha *copywriter*, pela forma encantadora de transformar essa leitura em uma experiência muito mais leve e divertida.

Ao meu noivo, que entendeu minha ausência nos jogos de tênis e nas reuniões de família para me dedicar a esta obra! Sem essa compreensão e apoio, não teria conseguido construir algo memorável para vocês!

E aos meus seguidores do @tathi_deandhela que me enviam mensagens no direct todos os dias me lembrando da diferença que meu trabalho tem feito na vida deles. Assim eu tenho mais forças pra nunca desistir.

Sumário

8	**PREFÁCIO**
10	**APRESENTAÇÃO**

16	**1.** O que nunca lhe contaram sobre ser um comunicador designado
26	**2.** Como ser um profissional 3R e atrair mais oportunidades
34	**3.** Quer ser rico? Então entenda o que é a verdadeira riqueza
44	**4.** Oito passos para enriquecer com a sua comunicação

PARTE I: DESBRAVAR

50	**5.** Você e o Indiana Jones têm algo em comum
56	**6.** A regra de ouro para a vida
62	**7.** Pare de tentar ser alguém que você não é
72	**8.** Seus maiores superpoderes

PARTE II: INFLUENCIAR

82	**9.** O poder de estar presente
88	**10.** Lucro nas redes sociais
100	**11.** Não tem segredo
110	**12.** Como criar um produto do zero
118	**13.** Pare de fugir da escassez

PARTE III: POSICIONAMENTO

126	**14.** Descubra a genialidade que há em você!
132	**15.** Vença seus medos

PARTE IV: APERFEIÇOAR

138 **16.** Como transformar seu tempo em ouro
146 **17.** Quatro técnicas infalíveis para uma comunicação memorável

PARTE V: MONETIZAR

154 **18.** Transformando ideias em dinheiro

PARTE VI: VENDER

164 **19.** Venda de maneira persuasiva e irresistível

PARTE VII: PODER

172 **20.** Suas palavras têm mais poder do que você imagina

PARTE VIII: ACELERAÇÃO

180 **21.** O melhor combustível para acelerar seus resultados
186 **22.** Perpetue sua comunicação

190 **Indicações de livros**

Prefácio

Eu reconheço que uma arma secreta que eu desenvolvi e treinei foi a comunicação. Eu não posso negar que foi ela quem transformou o Joel Moraes em Joel Jota.

A partir de muitos estudos e, principalmente, prática, eu construí um império. Tudo baseado na minha capacidade de me comunicar de uma maneira tão assertiva que ela provocou ação.

Primeiramente nos meus atletas, quando eu era treinador de natação. Eu me comunicava de uma maneira que os influenciava a agir da maneira que eu acreditava ser melhor para eles.

Em segundo lugar, me transformei em professor! Foi minha comunicação com os mais de 1.500 alunos, ao longo de onze anos de atuação na faculdade, que fez com que eles acreditassem na minha proposta e, sobretudo, em si mesmos.

Hoje, como escritor, palestrante, mentor e treinador, também uso a comunicação como o meio mais eficaz e poderoso do meu trabalho.

A Tathi é uma treinadora. Uma comunicadora. Uma pessoa que influencia através de sua comunicação.

E não é por acaso que a chamo de Tathi! Afinal, já a conheço há muito tempo. Desde o nosso primeiro encontro pude observá-la ajudando influenciadores, empresas, empresários, treinadores e palestrantes a levarem suas mensagens de uma maneira ainda mais assertiva ao seu público-alvo através de uma comunicação adequada, direta.

Falando pouco, dizendo muito. Escutando muito, falando de modo cirúrgico.

Falar sobre este livro, para mim, é uma questão de honra! Porque a comunicação mudou a minha vida. Além de ser um ótimo comunicador, eu me entendo como um ótimo ouvinte, um excelente estudante. A humildade é uma constante para aprender com todos e a todos os momentos.

Este livro é uma ótima oportunidade para você também aprender. Através do conteúdo, trazido aqui por quem entende e domina. Através dos exemplos, que são verdadeiros, amplos. E por meio dos resultados da Tathi, que são inquestionáveis neste assunto.

Ela é uma das maiores e melhores no que faz no Brasil e no mundo. É reconhecida por vários *players* desse segmento.

Falo com tranquilidade que você está em ótimas mãos. Porque eu também a reconheço como uma excelente palestrante, comunicadora e empresária.

Ela achou, de fato, algo que é realmente importante para as pessoas: os elementos da comunicação assertiva. Eu vejo todos eles na Tathi. Eu vejo conteúdo profundo. Mas também vejo naturalidade. Vejo o domínio da mensagem verbal, como também maestria na linguagem não-verbal. Eu vejo *timing*, ritmo, conexão, sintonia.

A Tathi é a soma disso tudo.

E este livro, também.

Porque ele é o extrato do que há de melhor da Tathi nessa sua jornada de mais de quinze anos de dedicação e aprimoramento. Ao ler este livro e fazer esse prefácio, eu me sinto honrado, feliz e responsável em dizer para você que, aqui, você vai encontrar o que Aristóteles disse ser o segredo da comunicação.

Não é sobre falar para as pessoas. É falar com as pessoas.

Você vai ver que os melhores comunicadores não são aqueles que têm os melhores títulos, formações acadêmicas e diplomas. Os melhores comunicadores são aqueles que se conectam com a alma humana. Aqueles que atravessam a carne e chegam diretamente na alma, no coração de um ser humano.

A comunicação mudou a minha vida. Realizou os meus sonhos. Gerou perspectiva e transformou a vida das pessoas que estavam ao meu redor.

Eu sei que isso também aconteceu na vida da Tathi. E falo com convicção, porque vejo que ela está, além disso, escrevendo sobre o assunto. Não conseguiu guardar toda essa transformação apenas para si mesma.

Ela precisa transmitir essa mensagem para o mundo no qual ela, eu e, agora, você também fazemos parte.

Tathi, parabéns! Por manter a consistência, a excelência e o propósito em contribuir com as pessoas através do seu trabalho.

Seja muito bem-vindo às próximas páginas, caro leitor, que vão mudar, definitivamente, a sua forma de enxergar o mundo, sentir a comunicação e atingir seus resultados.

Você não será, nunca mais, a mesma pessoa após essa leitura.

Um grande abraço,

Joel Jota

Apresentação

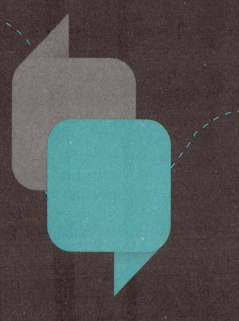

Por que algumas pessoas menos esforçadas ou capacitadas têm sucesso e você não?

Eu já me fiz essa pergunta algumas vezes.

Sempre que parei para analisar, percebi que apenas ter o conhecimento técnico, mas não saber mostrar ele e suas habilidades ao mundo é desperdício.

É só você pensar comigo: quantas pessoas "nota 10" na escola acabam não se destacando profissionalmente? Quantas pessoas são muito boas no que fazem, mas não têm seu nome lembrado quando há uma promoção na empresa ou uma oportunidade de aumento de salário?

Após pesquisar na história e em muitas biografias, além de entrevistar multimilionários para identificar o segredo dessas pessoas de sucesso, percebi um ponto em comum naqueles que se destacaram: a habilidade de comunicação.

Com isso em mente, uma matéria[1] no *The New York Times* me chamou atenção:

Você sabia que Albert Einstein, após criar a teoria da relatividade e já ter sido considerado gênio em vida, fora convidado a coordenar e ministrar um curso em uma universidade?

Fico imaginando, nos dias de hoje, como seria ter a oportunidade de uma aula com o gênio! Seria incrível, né? E, se fosse me basear naquela máxima de Jim Rohn que diz que somos a média das cinco pessoas com quem mais convivemos,[2] não seria difícil acreditar que o curso deve ter lotado e tanto a faculdade quanto Einstein ganharam muito dinheiro, certo?

---

1 HOW Einsten became the first science superstar. **The New York Times**. Disponível em: https://www.nytimes.com/2019/11/06/opinion/einstein-relativity-theor.html. Acesso em: 9 jun. 2022.

2 ROHN, J. *In:* GOODREADS. Disponível em: https://www.goodreads.com/quotes/1798-you-are-the-average-of-the-five-people-you-spend. Acesso em: 9 jun. 2022.

Errado!

Em um semestre o curso já não existia mais. Apesar de Einstein saber muito, simplesmente não conseguia se comunicar de maneira didática e envolvente para compartilhar tudo o que tinha a oferecer.

E esse não é um caso isolado: se olharmos grandes personalidades, marcas ou acontecimentos históricos, fica evidente que não adianta ser bom. É necessário *mostrar* o quão bom você é. E a comunicação não é apenas sobre o que você fala, mas sobre um conjunto de elementos que diz muito a seu respeito.

Vou mostrar aqui mais alguns exemplos da importância da comunicação para o sucesso.

Quando a gente pensa em grandes marcas como Apple, qual o primeiro nome de personalidade vem à sua mente? Steve Jobs? Sim, ele foi considerado o grande gênio por trás da marca, mesmo sem entender de programação e sendo considerado um líder *nada* exemplar.

Mas com tantos defeitos que a mídia já apontou sobre Jobs, o que faz dele o ícone por trás de uma marca tão valiosa? O simples fato de ter se destacado por uma qualidade incontestável: sua comunicação sublime.

Steve Wozniak, sócio e cofundador da Apple, é o grande gênio por trás da execução da marca.[3] A questão é: poucas pessoas ouviram falar dele. Apesar de entender com profundidade sobre programação, ele ainda não tinha desenvolvido a fundo a arte da comunicação.

Da mesma forma, se pararmos para analisar o surgimento do carro, Henry Ford ganha a fama. Mas a história mostra que o carro foi inventado anos antes, na Alemanha, por Karl Benz e Gottlieb Daimler.[4] Mas por que, então, o carro foi associado a Ford? Porque ele foi responsável pela sua popularização, usando seu melhor recurso: a comunicação.

E, por fim, temos Thomas Edison, cientista muito conhecido pela invenção da lâmpada incandescente e que, de fato, tem grande mérito pelo acontecido, mas que vem acompanhado de Nikola Tesla – com quem Edison trabalhou e o responsável pela descoberta da corrente

---

3 STEVE Wozniak. **TechTudo**. Disponível em: https://www.techtudo.com.br/tudo-sobre/steve-wozniak/. Acesso em: 9 jun. 2022.

4 1886-1920. Beginnings of the automobile. **Mercedes-Benz**. Disponível em: https://group.mercedes-benz.com/company/tradition/company-history/1886-1920.html. Acesso em: 9 jun. 2022.

alternada, essencial para o funcionamento dos sistemas elétricos que conhecemos hoje – um cientista sobre o qual poucas pessoas falam. Certa vez, Tesla disse sentir-se injustiçado por não receber mérito e reconhecimento de suas invenções.[5]

Mas o fato é que não adianta reclamar pela falta de reconhecimento. O que todos esses exemplos mostram é que o que de fato faz você ser reconhecido (ou não) é sua capacidade de se comunicar e mostrar sua obra ao mundo. Para não cair no esquecimento, você precisa ter uma boa comunicação aliada a uma estratégia certeira.

Com 27 anos, quando me tornei executiva de uma grande faculdade, pude testar na prática essa minha teoria. Comecei a participar das reuniões de conselho da faculdade e confesso que estava eufórica para contribuir muito nesse novo cargo. Mas, apesar da minha motivação, a falta de estratégias certas ou preparo quase colocou tudo a perder.

Trazia muitas ideias no início, mas não era ouvida. Sentia que minha voz, ideias ou soluções não ecoavam nas reuniões. Me lembro de uma vez que dei uma ideia e, assim que terminei de falar, um dos diretores usou uma palavra de cinco letras para responder tudo que havia dito:

"Legal!"

Um segundo depois, ele continuou e, olhando para todos, disse:

"Continuando, pessoal, o que vocês acham do que eu estava dizendo?"

Ou seja, ele simplesmente ignorou tudo o que eu tinha falado – um comportamento que já se mostrava recorrente nas reuniões. Imaginem, então, minha frustração quando, alguns minutos após dar uma ideia e ser ignorada, outro diretor deu a mesma sugestão que eu e todos o aplaudiram, dizendo que a ideia fora brilhante.

Como assim?

Eu tinha acabado de falar a mesma coisa e ninguém deu valor! Naquele momento, eu entendi que precisava de ajuda.

Sem entender muito o que estava acontecendo, comecei a imaginar mil motivos para explicar a situação:

---

5   NIKOLA Tesla: quem foi e quais as principais invenções e legados do gênio. **Uol**. Disponível em: https://www.uol.com.br/tilt/faq/nikola-tesla-quem-foi-quais-as-principais-invencoes-e-legados-do-genio.htm. Acesso em: 9 jun. 2022.

Será que aquilo estava acontecendo porque eu era a mais nova dali e então não conseguiam me levar tão a sério?

Será que eles agiam assim porque eu era a única mulher da reunião?

De fato, tudo isso poderia explicar porque eu não era ouvida, mas estava claro que, se o meu objetivo era reverter essa situação o mais rápido possivel para me fazer ouvir e conquistar minhas metas profissionais, eu precisava agir. Foi assim que decidi ir atrás de soluções e deixar de lado as justificativas. Fui em busca da ajuda de mentores, coaches, fonoaudiólogos e outros especialistas em comunicação.

Após meses trabalhando com foco em alguns pilares que vou apresentar a você neste livro, passei não só a ser ouvida nas reuniões, como também respeitada e admirada.

Entendi que o **como** você fala é tão ou mais impactante do que **o que** você fala. Também ficou claro que você não precisa nascer com o "talento" da comunicação, afinal essa é uma habilidade que pode ser desenvolvida. Foi aí que desenhei um plano de ação para seguir.

Em questão de meses implementando esse plano de ação, testemunhei portas se abrirem e consegui me tornar sócia de um dos donos da faculdade. Abri ainda minha faculdade em Fortaleza e Teresina, recebi convites para dar entrevistas em TV, jornais, além de ter um quadro semanal em várias rádios, incluindo a CBN, que me geraram contratos significativos e me fizeram ter hoje uma empresa multimilionária.

A mesma garota que não era ouvida fez sua voz chegar ao mundo, recebendo convites para palestrar em dois estádios de futebol, incluindo o Allianz Parque, palco de grandes bandas como U2 e Coldplay, além de marcar presença na Brilive Conference, uma conferência de empreendedorismo e educação na renomada Universidade Harvard.

Este livro que está em suas mãos tem o objetivo de mostrar na prática a quais elementos você deve se atentar ou quais adotar para que a sua comunicação deixe de ser apenas algo que você usa para interagir com o outro e passe a ser, intencionalmente, uma ferramenta de impacto e representação do seu futuro e, por consequência, uma habilidade que o ajudará a colher muitos frutos a partir desse momento.

Assim como Steve Jobs, Martin Luther King, Nelson Mandela e até mesmo aqueles que fizeram história por sua tirania ou crueldade e todos aqueles que marcaram gerações devido à sua comunicação, você pode entender quais técnicas e estratégias tornam a sua mensagem mais poderosa e usá-las à sua maneira, de modo ético, para conquistar seus objetivos – sejam eles fechar mais contratos, vender mais, aumentar a lucratividade, ganhar mais dinheiro ou ser memorável.

Investi muito tempo e carinho para reunir nas próximas páginas o máximo de informações que você pode aplicar no seu dia a dia. Tudo o que apresento aqui é baseado em estudos diários, testes, aplicação e aprovação e todo o conhecimento que compartilharei nestas páginas é fruto de muito trabalho e empenho, tanto da minha parte quanto de todo o time do nosso Instituto Deândhela®.

E afirmo: mais do que apenas aprender a se comunicar, vivemos um momento em que se tornou necessário reaprendermos como fazer isso já que, sob o ponto de vista digital – espaço importantíssimo para quem quer colocar a sua voz no mundo –, quem não sabe se comunicar não vende suas ideias, seus projetos, imagem, empresa, produtos, serviços e tudo o que for necessário.

Se você procura recursos que possibilitem comunicar-se de maneira enriquecedora para alcançar melhores oportunidades e, especialmente, se deseja encontrar abundância nos números de seus empreendimentos e alavancar sua carreira, saiba que vou trabalhar com muita garra para que o conteúdo oferecido aqui preencha essas e outras demandas.

Meu objetivo é que, antes mesmo do fim deste livro, você pense: *valeu, aprendi pra caramba!*

Por isso, lhe faço um convite: mergulhe comigo. Prometo que vai valer a pena.

Bora começar?

1

O que nunca lhe contaram sobre ser um comunicador designado

Imagine acordar um dia e descobrir que seu pais sofreu um ataque e, de repente, você passou a ser o presidente da mais poderosa nação do mundo. Esse cenário é a base narrativa da série de televisão *Sobrevivente designado*, um grande sucesso de 2016.

É claro que se trata de ficção. Você provavelmente não receberá a missão de dirigir um país de uma hora para outra.

Apesar disso, essa premissa sempre me faz pensar em outras realidades que estão por aí: a súbita necessidade de assumir uma reunião importante no trabalho, uma apresentação na faculdade diante de grandes mestres, um evento em que você é convidado a falar para centenas ou milhares de pessoas...

Se você recebesse um telefonema agora o convidando para qualquer uma dessas situações, você estaria pronto para aceitar?

Costumo dizer que essas oportunidades inesperadas de mostrar todo o nosso conhecimento e expertise nos tornam Palestrantes Designados. Esse é um conceito que abordo desde 2019 na minha *masterclass* e que, desde então, passou a ser uma das formações mais procuradas no meu instituto, chegando a uma marca histórica de mais de 3 mil palestrantes e comunicadores memoráveis formados.

Lembro-me da vez em que estive em uma das principais arenas esportivas do Brasil para assistir a um evento com a participação de grandes profissionais renomados. Alguns deles são inspiração para mim! De repente, fui convidada para visitar o camarim e conversar com os palestrantes. Fui até lá cumprimentá-los, e um deles me reconheceu.

"Ué, Tathi. Por que você não está palestrando neste evento?", perguntou.

"Bem, hoje vim aqui só para aprender com vocês mesmo."

"Que nada. Se você quiser, eu consigo pelo menos dez minutinhos de palco para você conversar com o público."

Imagine o impacto de falar para aquela multidão que lotava o estádio de futebol! Ainda mais de improviso... E ainda tinha a pressão de resumir e encaixar o meu conhecimento em apenas dez minutos. Naquele momento, mesmo com anos de experiência nos palcos, eu me vi na situação de uma Palestrante Designada.

E, sendo uma pessoa como outra qualquer, aquele convite grandioso provocou um friozinho na barriga. Você também se sente assim, com as mãos geladas e lábios um pouco secos? Até hoje, com mais de uma década de experiência, eu ainda sinto tudo isso... porque é natural! Esse combo de emoções mostra que você é tão humano e humilde quanto qualquer um que experimenta acessar a comunicação enriquecedora. Ou seja, uma dose de nervosismo sob controle serve até como mecanismo para não se deixar seduzir pela vaidade.

Ali estava eu, prestes a falar para milhares de pessoas em um grande estádio de futebol. Mesmo naquela situação inesperada, fiz o que qualquer comunicador designado faria em meu lugar. Aproveitei a chance e conquistei o público com o recurso que tinha: meros dez minutos.

Eis o segredo...

Quanto mais você se prepara, fortalece a marca pessoal e a autoridade que carrega, maiores serão as novas portas e janelas que se abrem em sua vida. Essas oportunidades derivam do seu poder de fala e do reconhecimento de quem escuta a sua mensagem.

Ou seja, comunicando-se e desenvolvendo-se, você passa a ser uma autoridade cada vez mais reconhecida — até mesmo uma celebridade, se esse for o seu desejo. Você enriquece, se essa for uma das suas metas. Você desbrava oportunidades únicas que surgem por e para você, como fiz ao visitar o camarim dos colegas. Meu objetivo era chance de falar com aquela multidão? Não! Porém uma verdade se extrai da comunicação enriquecedora:

Ao gerar autoridade, seja palestrante, professor, líder, pastor, treinador ou comunicador de qualquer segmento, oportunidades de fala surgem a todo instante.

Quer ver só?

Se eu o convidasse para participar de uma live minha que seria assistida por centenas de milhares de internautas, você sentiria que está pronto? Se eu o convidasse para ministrar uma palestra em meu evento anual e presencial, que sempre conta com mais de mil espectadores, você sentiria que está preparado para pisar no palco e encantar a audiência?

É normal se sentir inseguro ou até mesmo em dúvida diante dessas perguntas.

Mas não se preocupe, leitor! Ao longo desta obra, trabalharemos para que você seja um comunicador que enriquece. Com o passo a passo que colocarei em suas mãos, até o fim da leitura você vai desenvolver a comunicação designada.

Para você já sentir um pouquinho do sabor desse aprendizado, vou adiantar um pouco do que você encontrará nestas páginas.

Trabalharemos juntos para que você domine qualquer processo de argumentação, mesmo diante de situações inesperadas. Até porque essas circunstâncias geram resultados expressivos! E, claro, você também vai saber se posicionar no seu mercado e transformar sua audiência em fãs, e seus fãs em clientes.

Imagine que, assim como aconteceu comigo na reunião corporativa que comentei, você tenha a chance de desenvolver recursos internos para começar a ser ouvido e respeitado. Afinal, é necessário defender os seus interesses diante de um mercado tão competitivo e pronto para engolir os despreparados. Nesse sentido, tive o cuidado de equilibrar dois pontos na construção da obra: apresentar uma didática e uma metodologia praticável e, ao mesmo tempo, fazer com que a leitura seja leve a prazerosa.

Não quero, no entanto, falar sozinha (afinal, toda mãe fala bem do filho). Fiz uma pequena seleção dentre os 2.973 relatos que temos até a data de lançamento do livro, preparados por alunos que vivenciaram a nossa metodologia que se encontraram no processo de comunicação. Faço questão de apresentar a você um pequeno vislumbre de como será sua vida após implementar tudo o que você vai ver por aqui. E já trago três relatos poderosos sobre o poder de transformação de uma comunicação enriquecedora.

Tatiane Fuji, uma professora que, apesar de ter mestrado e doutorado, não conseguia se destacar na sua área. E por que isso acontecia com ela? Apesar de ter muito conteúdo técnico, ela não conseguia se comunicar de maneira inesquecível! Quando ela descobriu as estratégias que você também vai ver por aqui, tudo mudou na vida dela. Com uma comunicação enriquecedora ela foi capaz de aumentar muito o seu faturamento financeiro e tornar-se docente internacional, ministrando para alunos de mestrado na Universidade Científica do Peru.

Kelly, por sua vez, transformou doença em fortaleza após entender como aplicar as estratégias certas à sua comunicação. Venceu a depressão, se tornando exemplo de força e superação, e hoje leva sua mensagem sobre como lidar de maneira leve com o vitiligo. Poucos meses após a formação no instituto, Kelly passou a faturar 27 mil reais com palestras e mentorias.

Márcio Belém, dono de supermercado, antes de ter acesso a esse método de comunicação estava no fundo do poço. Foi roubado pelo sócio e se viu sem sua empresa e sem perspectivas. Até então, ele nunca tinha feito um curso na vida, mas assistir a essas aulas foi crucial para a transformação dele. Além de uma superinjeção de ânimo para dar a volta por cima em um momento tão difícil, ele também conseguiu recomeçar do zero e, em 2020, recebeu em nosso evento uma placa para celebrar mais de 1 milhão em faturamento, registrando um crescimento acima de 380%.

Só de ver essas histórias, já dá para notar que pouco importa se você está começando a aperfeiçoar a sua comunicação a partir do absoluto zero. Também não faz diferença se você ainda não tem experiência de palco. O fato é: se você deseja se tornar palestrante profissional, consultor, líder ou comunicador de qualquer segmento, sinta-se amparado!

Por outro lado, digamos que você já esteja trabalhando com a comunicação e não esteja colhendo os resultados financeiros que considera equivalentes ao seu conhecimento e às habilidades e competências que carrega. Se esse for o seu caso, também vou entregar recursos e ferramentas para que potencialize seus resultados.

Por exemplo: se você ministra palestras e até hoje só conseguiu trabalhos não remunerados, é hora de virar esse jogo e tornar-se um comunicador designado. Se você já ganha bem com a sua comunicação, mas quer conquistar ainda mais, quem sabe até se transformando em celebridade em seu mercado, vamos juntos.

Veja o caso, por exemplo, de uma confeiteira famosa, super bem-sucedida e multimilionária. Ela não oferecia produtos caros a suas alunas porque "confeiteiras não ganhavam tão bem". Aquilo me deixou com a pulga atrás da orelha. Perguntei a ela com muito interesse:

"Se você é confeiteira e nessa profissão não se ganha tão bem, como você tem o dinheiro que tem?"

A resposta dela foi simples e direta:

"Além de confeiteira, eu sou mestra. Ou seja, ministro palestras e aulas!"

Percebe o que isso significa? Seja qual for a profissão que tenha, se também der aulas e palestras você já assume automaticamente o papel de poder e autoridade. Por consequência natural, passa a ser mais valorizado no seu mercado. O resultado? Mais ganhos financeiros.

Isso também aconteceu com um amigo meu, cuja esposa passou anos juntando 9 mil reais para fazer uma cirurgia plástica. Seu grande sonho era pagar tudo à vista. Quando estava com todo aquele dinheiro, ela agendou a consulta. Aí veio o baque: assim que voltou do consultório, ela disse ao marido que agora ela teria que pagar quase o dobro, 17 mil reais. O maridão já fez logo a pergunta mais esperada em uma situação assim.

"Como assim? O que mudou?"

Em resposta, a esposa dele disse que resolveu fazer o procedimento com um médico palestrante, o mestre dos cirurgiões. O simples fato dele ser um professor renomado que palestrava em vários congressos já colocava o profissional em outro patamar, o que dava mais segurança a ela.

É por isso que sempre digo: palestrar é muito mais do que uma profissão. É um estilo de vida.

As palestras abrem as portas para você se tornar um comunicador milionário e alcançar outros patamares.

Seja qual for o seu objetivo: comunicar-se em sua igreja, ser um líder memorável diante do time que já lidera ou que pretende liderar no trabalho, ser um mestre inspirador e assim por diante. Aqui você vai encontrar as ferramentas, técnicas e até as habilidades emocionais necessárias para alcançar um novo patamar como comunicador designado!

APRENDIZAGEM EXIGE AÇÃO

Muitos perguntam qual o segredo do sucesso que construí liderando grandes grupos de formadores de opinião. Embora não seja um único, quero partilhar um dos principais, porque isso também será fundamental para o seu crescimento profissional:

Aprendizado exige interação ativa.

Em outras palavras, não adianta você espalhar milhares de soluções teóricas se a parte mais impactante do aprendizado, a prática, for esquecida ou menosprezada. O professor e psicólogo norte-americano William Glasser[6] dedicou seus estudos a entender o processo de aprendizagem e concluiu que, quanto mais o aprendiz se relaciona ativamente com o conteúdo, maior sua assimilação. Ele desenvolveu a Pirâmide de Aprendizagem a seguir, que evidencia os canais de aprendizagem e sua relevância na retenção do conhecimento.

PIRÂMIDE DE APRENDIZAGEM

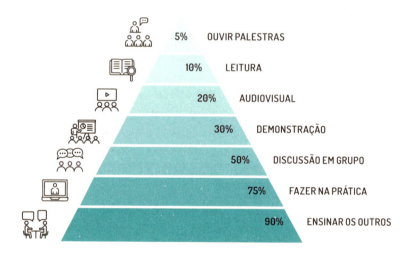

5%	OUVIR PALESTRAS
10%	LEITURA
20%	AUDIOVISUAL
30%	DEMONSTRAÇÃO
50%	DISCUSSÃO EM GRUPO
75%	FAZER NA PRÁTICA
90%	ENSINAR OS OUTROS

Para Glasser, não apenas a aprendizagem, mas a motivação está diretamente relacionada ao grau de autonomia promovido por ela. Ouvir uma aula ou palestra é apenas o primeiro passo. Depois, o aluno deve buscar de maneira autônoma mais conteúdos relacionados e, principalmente, colocar em prática o que aprendeu. É o caso dos nossos alunos no Instituto Deândhela®, que são convidados à participação ativa, criando missões e adotando o estilo "gamificado" de aprendizagem, isto é, quando a pessoa se desenvolve praticando, se divertindo e aprendendo ao mesmo tempo.

Experimente esta ideia: enquanto você lê esta obra, grave áudios sobre insights que teve, anote no papel, notebook ou celular, faça uma

---

6 PIRÂMIDE de Aprendizagem: William Glasser estava certo? **Ludos Pro**, 3 dez. 2021. Disponível em: https://www.ludospro.com.br/blog/piramide-de-aprendizagem. Acesso em: 4 jan. 2022.

live explicando o que aprendeu. Além disso, questione-se a respeito de quando colocará determinada lição em prática. A partir daí, monitore cada ação para ter certeza de que as praticou. É muito importante que você estabeleça uma data para validar os resultados dessas atitudes. Ao concluir, você terá uma noção real de como é interessante praticar o que aprendeu e entender o que praticou.

FIQUE ATENTO ÀS OPORTUNIDADES E ÀS DIFICULDADES EM SEU CAMINHO

Comunicadores que aproveitam as oportunidades de mandar o seu recado são os verdadeiros comunicadores designados.

O mundo enfrentou uma das maiores emergências sanitárias de todos os tempos, a pandemia da covid-19, sobretudo durante os anos mais difíceis de 2020 e 2021, marcados por luto e muita dor em todos os continentes. E, **enquanto** acontecia uma adversidade de tamanha abrangência, onde estava o comunicador designado? De braços cruzados, esperando que tudo voltasse ao normal, torcendo para que a economia mundial voltasse a dar passos largos? Claro que não! Ele entendeu que precisava dar o seu melhor para manter seu negócio. Estava se virando nos trinta, dando o seu jeito, se adaptando ao novo normal, usando e abusando das plataformas on-line, dando continuidade àquilo que sempre fez de melhor: comunicar-se. Entende o caminho?

Infelizmente, sabemos que nem todos conseguiram sair ilesos desse período, mas também testemunhamos formadores de opinião que preferiram reclamar, queixando-se das restrições impostas pelas autoridades, alegando queda drástica em seu faturamento e alguns até trocando de ramo sem ao menos tentar fazer algo para driblar a situação. Calma lá... Percebeu que, no trecho anterior, destaquei a palavra **enquanto**?

O comunicador designado precisa entender e estar disposto a enfrentar as adversidades, aprender a dar um jeito, a continuar levando o seu recado em qualquer situação, aproveitando todas as oportunidades, seja por meio de apresentações, palestras ou aulas.

Inclusive, pergunta séria: você sabe a diferença entre essas três modalidades de comunicação?

Aula é bastante intuitivo. Quando pensamos nisso, geralmente vem a ideia de um conteúdo expositivo, teórico, seguindo uma sequência lógica. Quase sempre pensamos em aulas como um conjunto, ao longo de um semestre, como na faculdade.

Já **apresentação** traz à mente lembranças do que, embora seja importante, costuma ser chato: apresentação de relatório, monografia, TCC, balanço trimestral ou anual.

Por outro lado, **palestra** traz consigo um outro valor, com elementos e princípios utilizados pelos grandes comunicadores designados. Costumo dizer que uma palestra bem realizada é um espetáculo tal qual o Cirque du Soleil: cada parte está em seu devido lugar, no momento preciso.

Podemos, então, transformar a palavra apresentação, agregando um novo e prazeroso significado, mais envolvente e empático com o público, mais leve quanto ao conteúdo, mais dinâmico, forte e mensurável, pronto para ser colocado em prática.

Quem deseja se comunicar em grande escala pelas redes sociais, alcançando centenas, milhares ou milhões de internautas, também deve aproveitar essa estratégia, ir além do só "apresentar" conteúdo. O público digital tem à sua disposição muita oferta para qualquer demanda! Por isso, é necessário conquistar sua atenção. Afinal, ele quer ter certeza de que, ao dedicar tempo, energia e dinheiro, receberá em troca algo que realmente valha a pena — seja uma nova chance de mudar de vida, ampliar seus resultados profissionais ou mesmo se divertir.

Quer se posicionar no marketing digital e fazer um trabalho diferenciado? Você está com o livro certo em mãos! Vamos, juntos, procurar meios para vencer nos ambientes digital e presencial, off e on-line.

Vamos ao método? Bora organizar nossas caixas de comunicação? Vem comigo até o próximo capítulo, estamos só aquecendo os motores!

O comunicador designado precisa entender e estar disposto a enfrentar as adversidades, aprender a dar um jeito, a continuar levando o seu recado em qualquer situação.

@ TATHI_DEANDHELA

2

Como ser um profissional 3R e atrair mais oportunidades

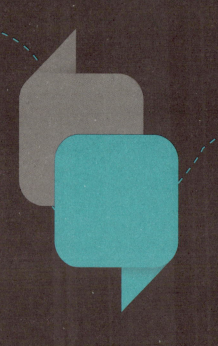

Faça sua comunicação enriquecer você.

Quando você leu esse título pela primeira vez, o que você sentiu?

Curiosidade, sem sombra de dúvidas. Uma esperança? Ficou um tanto intrigado, talvez?

A palavra "enriquecer" mexe com a gente. Todos nós queremos comer bem, poder fazer viagens para lugares lindíssimos, ter uma casa confortável... E tudo isso só é possível com dinheiro na conta.

Bom... Eu sei que, da minha parte, a inspiração de escrever este livro veio de uma vida cheia de desafios e superações. Se você olhar minha foto na orelha do livro, ou até nas minhas redes sociais, provavelmente vai pensar: *o quê? Essa patricinha? Sem chances de que ela um dia passou qualquer problema financeiro.*

Pois é. As aparências enganam.

Eu cresci em um barracão nos fundos da casa da minha avó. Éramos eu e minha mãe, uma cuidando da outra. Durante bastante tempo, depois que minha mãe perdeu o emprego, fui eu quem segurei a barra. Já tive que escolher entre comer ou pagar a passagem do ônibus. Já andei à noite, debaixo de chuva, tremendo de medo e de frio enquanto voltava da faculdade. Vendi doces, cosméticos, e até colchões para levantar uma renda extra para passar por aquele sufoco... Enfrentamos uma dívida de mais de 50 mil reais quando o salário-mínimo ainda era 500 reais.

A palavra "enriquecer", para mim, sempre foi sinônimo de um desejo ardente de dar para a minha mãe tudo o que ela merecia. De construir a minha liberdade, de poder conhecer o mundo!

Foi por isso que, com uns 20 e poucos anos, eu decidi trocar de emprego. Na época todo mundo achou uma loucura essa decisão: essa nova oportunidade iria me pagar *menos*. O que ninguém percebia era que, apesar de essa transição ter parecido um passo atrás, ela foi exatamente o impulso que eu precisava para, anos depois, ser a fundadora e CEO de uma empresa multimilionária.

Troquei a recepção de uma escola de dança por trabalhar com vendas em uma rede de faculdades. Troquei um salário um pouco melhor por uma ajuda de custo e comissões. Esse foi o primeiro passo para que eu me tornasse uma profissional 3R: **Reconhecida, Requisitada e muito bem Remunerada.**

Agora chegou a sua vez de entender como se tornar esse profissional e colher os frutos de uma vida inteira de trabalho. A melhor parte é que tudo que você viveu até aqui será usado ao seu favor!

Mesmo os momentos mais difíceis... NADA É PERDIDO!

A verdade é que a grande maioria pessoas querem e precisam de três coisas para serem completamente felizes.

A primeira é serem tão boas em algo ao ponto de serem **reconhecidas** por isso! Para atingir esse reconhecimento, você precisa ser visto como uma referência no mercado. Precisa ser respeitado e então se tornará renomado!

Pessoas reconhecidas são ouvidas e admiradas.

Além disso, ser reconhecido dá acesso a inúmeras oportunidades. E, junto com elas, temos exatamente a nossa segunda necessidade enquanto seres humanos: receber carinho e atenção.

Isso vai além do âmbito pessoal, uma vez que também sentimos realizados quando somos valorizados pelos nossos clientes, colegas e parceiros.

Uma das melhores sensações que existe é a de ser a pessoa que todo mundo quer estar perto!

O comunicador designado tem esse poder de influenciar multidões. Ao utilizar dos métodos e estratégias que você vai ver neste livro, você perceberá resultados expressivos em sua comunicação e, assim, se tornará **requisitado** no mercado em que atua.

E é claro que ser requisitado é algo que se reflete na vida financeira.

Sabe o que acontece com pessoas que são renomadas e têm agenda lotada? Essas pessoas acabam fazendo parte de um fenômeno que gera uma escassez natural. É a lei da oferta e demanda: profissionais disputados são os mais valiosos no mercado!

Se você tem clientes que fazem fila pelos seus atendimentos, não importando o quanto você cobre até então, qual é a sua principal reação? Aumentar o valor dos seus serviços!

Ou seja: você passa a ser **muito bem remunerado.**

No fim, as estratégias que você vai conhecer neste livro são resultado de quase quinze anos de um trabalho incansável para transformar o potencial de pessoas extraordinárias como você em realidade.

É por toda a minha experiência que eu afirmo com tranquilidade: existe muito potencial aí. E este livro vai ajudar você a transformar esse potencial em potência!

Se você já se considera uma pessoa bem-sucedida e com resultados acima da média, as estratégias que você vai conhecer o levarão a um patamar de crescimento exponencial jamais imaginado.

Você já é grande, mas tem potencial para ser maior do que é.

E se você está em uma fase de transição, enfrentando grandes desafios, sem muita perspectiva de futuro, saiba que este livro pode ser a luz no fim do túnel que você precisava.

Não importa se você se sente incapaz, se é inseguro ou tímido, ou se acredita que para se comunicar bem é preciso talento... Você perceberá que método e constância superam o talento.

O fato é que a sua voz tem mais poder do que você imagina! A sua mensagem pode ajudar inúmeras pessoas.

A jornada para se tornar um profissional 3R é um caminho de transformação em todas as esferas da vida. Mas, para chegar lá, é preciso desenvolver a tríade **EMP: Estratégias, Mentalidade e Persistência.**

ESTRATÉGIAS

Parece que nos dias de hoje a palavra "estratégia" carrega quase um misticismo. É uma daquelas "mágicas" que os influenciadores pregam como a grande salvação de um negócio. De fato, agir com estratégia é crucial para o sucesso de qualquer projeto!

Mas o que é, de fato, ser estratégico?

O termo tem origem militar e, de modo resumido (totalmente adaptado para os conceitos mais abrangentes), é a capacidade de gerenciar os recursos disponíveis para se alcançar um objetivo.

Tem algo muito interessante sobre aplicar estratégias da maneira correta... Que é o fato de que **pessoas vivem experiências circulares.**

O nosso cérebro é uma máquina bastante eficiente de enxergar padrões. Por isso não é incomum termos pensamentos como *aquela nuvem se parece com um cachorro!, essa roupa tem a cara de fulana* ou *esse gatinho tem uma pinta que parece coração* no nosso cotidiano.

Os bons estrategistas são aqueles que percebem esses padrões nas mais variadas situações e, a partir dessas experiências, replicam ações que serão eficazes para solucionar um determinado problema.

Basicamente, o que estou dizendo é que o sucesso deixa rastros.

Então se você tem um objetivo – seja ele correr uma maratona, fechar um contrato com uma grande empresa, encontrar um namorado ou se tornar um comunicador designado –, seu primeiro passo será conhecer outras pessoas que chegaram aonde você quer estar. Você vai estudar os caminhos que essas pessoas trilharam e vai encontrar quais são os padrões que influenciaram os resultados que você quer emular.

A verdade é que você não tem porque perder tempo com tentativa e erro para criar estratégias do zero.

Você pode – e deve! – cortar caminhos e aprender as estratégias necessárias para o seu crescimento.

Lembre-se: o resultado que você não tem é fruto de algum conhecimento que lhe falta.

MENTALIDADE

"Penso, logo existo."[7]

Apesar do contexto de Descartes ser completamente diferente do que vivemos hoje, uma coisa permanece imutável ao longo do tempo: a nossa capacidade de pensar, refletir e interferir na construção da nossa própria realidade.

Sem essa capacidade de questionar nossos hábitos e comportamentos, os seres humanos jamais teriam evoluído e construído civilizações.

Basta observar quanta coisa mudou em tão pouco tempo: em apenas dez anos passamos a usar smartphones e agora estamos conectados

---

7 DESCARTES, R. **Discurso do Método**. Porto Alegre: L&PM, 2013.

praticamente vinte e quatro horas por dia, sete dias por semana. Até enquanto dormimos recebemos mensagens!

Todo esse avanço tecnológico, social e comportamental surgiu de um pensamento.

Da mesma forma que grandes cientistas e inventores provocaram essas mudanças no mundo, a sua mentalidade também tem essa capacidade de alterar a sua realidade.

Basta sintonizar seus pensamentos na mesma frequência que os seus objetivos.

PERSISTÊNCIA

Muito antes de o Mickey ser criado, Walt Disney foi demitido de seu trabalho em um jornal por sua "falta de imaginação e boas ideias".[8] Aparentemente, não tinha talento...

Criou o próprio estúdio, mas as coisas não iam bem... a ponto de que ele precisou reduzir as despesas e a equipe ao máximo para fazer a empresa sobreviver. Chegou a morar no escritório da sua empresa, comendo comida de cachorro e tomando banho uma vez por semana em uma estação de trem.

E como se não bastasse, ele criou Oswaldo, o Coelho Sortudo, que se tornou bastante popular quando foi lançado, mas por causa de uma cláusula no contrato com o estúdio, Disney perdeu todos os direitos ao personagem!

Ele poderia ter desistido, mas foi no fundo do poço, com as estratégias certas, mentalidade de sucesso e persistência que ele teve a grande ideia e a oportunidade da sua vida: Mickey Mouse.

Assim como a história do Walt Disney inspira muita gente, você também pode transformar sua história e experiência de vida em inspiração para milhares, talvez até milhões de pessoas!

A questão é: se Walt tivesse desistido diante dos primeiros desafios, nós jamais teríamos vivido a magia dos contos de fadas dos clássicos que marcaram nossas infâncias.

---

8 GABLER, Neal. **Walt Disney**: o triunfo da imaginação americana. São Paulo: Novo Século, 2013.

Imagine uma vida sem Branca de Neve, Cinderela, Mulan, Bambi, Dumbo, Simba e tantos outros personagens que nos emocionaram e ensinaram valiosas lições.

Imagine um mundo sem a magia das animações criada e aprimorada pela técnica Disney.

Agora imagine o quanto o mundo estaria perdendo se você desistisse de compartilhar a sua mensagem inspiradora.

Não desista, caro leitor.

A persistência vai levar você a uma realidade que você nem sequer imagina ser possível.

O fato é que a sua voz tem mais poder do que você imagina! A sua mensagem pode ajudar inúmeras pessoas.

@TATHI_DEANDHELA

3

Quer ser rico? Então entenda o que é a verdadeira riqueza

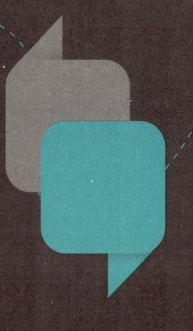

ntes de revelar o método e as estratégias que mudaram a minha vida e de inúmeras pessoas, é importante que você entenda o que está por trás dele e como tudo começou.

Na minha adolescência, quando eu tinha aproximadamente 18 anos, recebi a visita de um tio que admiro muito.

Aliás, minha família inteira o admira, todos falam dele com a boca cheia.

Ele conversou um pouco com minha mãe e, no auge da conversa, virou para mim e disse:

"Estude! Mas estude muito para você ser alguém na vida", e ele continuou falando sobre o quanto o conhecimento mudou a vida dele, até que me falou sobre a sua missão no mundo. "Tathi, eu determinei que serei um divisor de águas na vida das pessoas."

Naquele instante, eu tomei posse dessa missão e disse para mim mesma: **Eu também serei uma divisora de águas por onde eu passar.**

A partir daquele dia, a fala dele me inspirou para todo o sempre. Meus olhos brilham até hoje ao lembrar daquele momento.

E foi assim que eu percebi o quanto as palavras, a comunicação e o conhecimento podem fazer a diferença na vida dos outros. O quanto podem inspirar, impactar e ser um divisor de águas na vida das pessoas.

E eu decidi que queria isso para a minha vida também!

Mas sabia que para isso acontecer, era necessário entregar o meu melhor.

A frase desse tio, que tanto me marcou, foi o segundo momento da minha vida em que ficou clara a importância da indústria do conhecimento.

O primeiro foi quando minha mãe me disse, quando eu ainda era muito pequena, que para realizar o meu sonho de infância, que era viajar, era necessário eu estudar muito... Afinal, ela e meu pai não podiam me levar para viajar porque não haviam estudado.

Sou muito grata a minha mãe pela verdade e transparência, porque seus conselhos, somados ao desse tio, me fizeram entender desde muito cedo que o **conhecimento** é o ingrediente mágico capaz de realizar todos os sonhos.

E por mim, o conhecimento fez mais.

Me ajudou a vencer a minha baixa autoestima, a me posicionar e, principalmente, me ajudou a, de fato, ser uma divisora de águas por onde eu passasse.

Ao longo da minha vida, pude comprovar na prática essas lições que aprendi.

Como contei anteriormente, aos 23 anos tomei a decisão de sair de um emprego que me pagava mais para trabalhar como vendedora de cursos de pós-graduação em uma faculdade, ganhando apenas 500 reais por mês.

Na época, muita gente me criticou. Vários parentes falaram que eu estava regredindo e que aquilo era uma loucura.

Mas eu sabia que ali, na indústria do conhecimento, tinha um tesouro escondido para mim!

Naquela faculdade, fiz todos os cursos que pude. Devorei todas as técnicas de vendas, negociação, comunicação... Foi então que consegui não só vender mais, como também ser promovida algumas vezes e chegar ao cargo de diretora comercial e de marketing da faculdade.

Com apenas 26 anos, eu me tornei uma executiva nacional que estava com o salário de 50 mil reais por mês.

Tudo fruto de muito esforço e **muito estudo**. A prova de que se você for obstinado no que quer e sempre buscar **soluções** em vez de desculpas, as coisas acontecem.

E tudo isso porque um dia eu apliquei o **Método PSE**.

Fiquei tão apaixonada pela transformação que eu vinha experimentando em minha vida em função do conhecimento que comecei a treinar minha equipe todo santo dia para que eles experimentassem o mesmo!

O resultado foi REVOLUCIONÁRIO. Nós batíamos uma meta atrás da outra, e de lá saíram grandes líderes.

Foi quando, sem querer, eu entendi o segredo que me faria ser rica!

Quer ser rico? Então faça outras pessoas ricas, resolva seus problemas e entregue soluções.

Quanto mais eu gerava impacto na vida da minha equipe, do meu chefe e dos clientes, mais eu crescia.

E não falo só do crescimento financeiro, mas também do emocional. Do sentimento de se sentir realizada, de sentir que você está contribuindo e fazendo a diferença na vida do outro.

Era uma sensação que eu nunca tinha experimentado antes, algo sem igual.

Claro que as oportunidades começaram a aparecer de todos os lados. A partir do momento que me destaquei como treinadora do meu time, fui convidada para ministrar aulas de pós-graduação. Ministrei aula para mais de cinquenta turmas, portanto eu também havia me tornado treinadora e professora.

Depois vieram os convites para fazer palestras – e esse foi um ponto de virada da minha vida!

Gosto de lembrar desse momento como um desastre que me salvou.

Como líder, treinadora e professora, eu já tinha aprendido a trabalhar na indústria do conhecimento. Já sabia a importância dele para transformar minha vida e a de outras pessoas.

Mas, até então, eu só despejava esse conhecimento...

Tinha até um pouco de didática e sabia alguns conceitos da andragogia que aprendi em alguns cursos. Mas senti que ainda não eram suficientes. Nas palestras eu aprendi, a duras penas, que precisava de uma comunicação e uma apresentação envolventes.

Eu tinha muito conteúdo, mas não tinha me preparado o suficiente para estar à altura dos palestrantes profissionais.

Eu não sei se você já foi em algum evento e assistiu um palestrante amador se apresentar antes ou depois de um palestrante profissional, mas o constrangimento do amador paira no ar. Dá vergonha alheia. E no meu caso, era vergonha própria mesmo.

Eu tinha, então, duas escolhas: recusar todos os convites para palestrar e ficar na minha zona de conforto com as aulas e treinamentos ou me desenvolver e levar minha comunicação a um outro patamar.

Essa escolha foi o ponto de virada da minha vida.

Considero que toda a minha carreira como comunicadora começou, de fato, com as palestras, tanto que elas se perpetuam até hoje.

Porque além das palestras transformarem você em uma superautoridade como profissional, elas também são uma excelente porta de entrada para você enriquecer com a sua comunicação.

Grandes palestrantes pegam o seu conhecimento e a sua história e transformam em um roteiro memorável, que rende 5, 10, 15 mil por hora... E isso é remuneração para iniciantes! Palestrantes ainda mais experientes chegam a ganhar 70 mil ou mais por hora.[9]

Nas palestras aprendi o poder da velocidade e eficácia.

É incrível o impacto que você pode gerar em apenas uma hora.

Aplicando os princípios da palestra em minha vida, eu aprendi a ser produtiva, ou seja, fazer mais com menos. Aprendi a ter mais resultado sem gastar tanta energia e pude fazer meu time ficar mais engajado e eficaz.

Consegui vender mais, meus treinamentos e aulas ficaram mais interessantes, comecei a ser mais bem avaliada, ganhei prêmios...

Se me falassem um tempo atrás que eu me tornaria milionária só por compartilhar a minha história e meu conhecimento, eu NUNCA teria acreditado!

Mas foi isso que aconteceu.

E você também pode aplicar a filosofia de vida de um palestrante memorável na sua vida para conquistar uma explosão de resultados.

Independentemente da profissão que você tenha, se você também der aulas e palestras, você já assume automaticamente o papel de poder e autoridade e passa a ser mais valorizado no mercado. Resultado? Mais ganhos financeiros.

E tudo isso que falei até aqui não se aplica apenas para empreendedores ou profissionais em cargos altos: se você é funcionário de alguma empresa e quer crescer, também precisa ter uma comunicação de um palestrante.

Certa vez, uma amiga iniciou a carreira em uma grande empresa como colaboradora júnior.

Aquele cargo pareceu pouco para ela no início, mas o seu potencial e a sua comunicação eram tão memoráveis que, em pouco tempo, ela se tornou sócia da empresa. Entre tantos outros profissionais, ela era uma das únicas que recebia comissão por todo o seu trabalho.

E esses são só alguns dos milhares de casos que eu poderia lhe contar!

Tudo isso porque a filosofia de um palestrante memorável tem o poder de mudar sua vida para melhor em todos os sentidos, fazendo

---

9   POLITO, R. Dá para ganhar mais de R$ 200 mil por mês fazendo palestras? **Uol Economia**. Disponível em: https://economia.uol.com.br/blogs-e-colunas/coluna-reinaldo-polito/2017/12/12/palestras-vida-de-palestrante-carreira-requisitos.htm. Acesso em: 9 jun. 2022.

Quanto mais eu gerava impacto na vida da minha equipe, do meu chefe e dos clientes, mais eu crescia.

@TATHI_DEANDHELA

você ter mais dinheiro, mais qualidade de vida, mais tempo com a sua família... tudo isso enquanto inspira pessoas e transforma VIDAS!

Foi o caso do Vinicius Areb, um querido aluno que, com apenas 19 anos e nenhuma formação, passou a receber convites para palestrar de todos os cantos do Brasil e chegou a faturar 800 mil em um ano.

Assim como eu, essa minha amiga e outros milhares de alunos, o Vinicius aplicou o Método PSE.

O Método PSE é o caminho para você se tornar um profissional Reconhecido, Requisitado e muito bem Remunerado.

Nesses mais de quinze anos incansáveis estudando sobre a indústria da educação, tive a oportunidade de mapear mais de trezentos professores universitários, palestrantes e profissionais renomados para entender porque eles falam de uma maneira que todos queiram ouvir e como crescem constantemente em suas carreiras.

E cheguei à constatação que 100% dos mais bem sucedidos aplicam o Método PSE em suas vidas.

Esse método funciona como o tripé do profissional memorável porque garante a base para você se colocar como autoridade no mercado em alta velocidade e, em pouquíssimo tempo, estar recebendo mais propostas do que imagina.

PSE significa: Paixão, Singularidade e Estratégias.

Paixão está relacionada à sua energia!

Duas pessoas podem falar a mesma coisa, mas a maneira como cada uma fala faz com que a gente dê mais ou menos valor ao que foi dito. Por exemplo, o que faz um vendedor vender mais que o outro em uma empresa, sendo que eles trabalham com o mesmo produto?

Não só ter conhecimento sobre técnicas de vendas, mas também o entusiasmo que ele passa. Eu sempre falo que vendas é transferência de sentimento.

Paixão é a parte invisível, porém uma das mais importantes de todo profissional de sucesso. Se não houver brilho, vida, você pode ter as técnicas mais poderosas do mundo para exercer a sua profissão, mas elas não serão o suficiente para você se destacar.

Falar com o coração é essencial.

Eu vejo a paixão como a verdade que a gente passa quando falamos sobre o que amamos. E ela está diretamente relacionada ao nosso propósito.

Se você for guiado por propósito e deixar transparecer claramente sua paixão, com certeza o dinheiro e as oportunidades irão correr para você.

O segundo pilar do Método PSE é a **Singularidade**.

Quanto mais você reproduzir jargões, frases prontas da internet e histórias um tanto conhecidas, menos você terá o seu espaço no mercado.

Você deve buscar sua singularidade.

Traga suas histórias ou cases de seus clientes, sua própria maneira de explicar as coisas e de preferência, seus próprios métodos. Lembrando que você pode reproduzir outros métodos, desde que dê os devidos créditos, pois a integridade vai acrescentar mais valor à sua pessoa.

Mas além de usar métodos que já existem, crie os seus também.

Por exemplo, como especialista em produtividade, eu falo sobre as metodologias GTD,[10] SCRUM[11] e Kanban.[12] Mas, além desses métodos conhecidos, eu construi os meus, como a técnica do FPI,[13] o Time Model Canvas,[14] os 4 Ps da Produtividade,[15] e até mesmo o Método PSE.

Você também pode construir o seu método!

Só que tem um detalhe importante: não é sobre fazer algo aleatório para só dizer que tem um método. É sobre você fazer pesquisas e testar consistentemente sua comprovação. Exige paciência e persistência, mas vai valer a pena.

E olha como isso se aplica a tudo:

Natalia Beauty, uma empresária renomada do setor de micropigmentação das sobrancelhas, criou o próprio método e isso contribuiu para que ela se tornasse uma grande autoridade no mercado.

Tive a oportunidade de contribuir com a construção da palestra e ela me contou sobre quando começou nessa área: fez os cursos básicos, conheceu o que todo mundo fazia, e então foi se diferenciar no mercado.

---

10 ALLEN, D. **A arte de fazer acontecer**: o método GTD – Getting Things Done. Rio de Janeiro: Sextante, 2015.

11 SUTHERLAND, J.; SUTHERLAND J. J. **SCRUM**: a arte de fazer o dobro do trabalho na metade do tempo. Rio de Janeiro: Sextante, 2019.

12 ANDERSON, D. J. **Kanban**: mudança evolucionária de sucesso para seu negócio de tecnologia. Sequim: Blue Hole Press, 2011.

13 FPI e o sucesso. **Instituto Deândhela**. Disponível em: https://institutodeandhela.com.br/blog/fpi-e-o-sucesso/. Acesso em: 9 jun. 2022.

14 DEÂNDHELA, T. **Faça o tempo trabalhar para você**: e alcance resultados extraordinários. São Paulo: Literare Books, 2020.

15 DEÂNDHELA, T. **Faça o tempo enriquecer você**: descubra como a inteligência produtiva é capaz de fazer você ganhar mais dinheiro em menos tempo. São Paulo: Editora Gente, 2020.

No inicio atendia em casa, depois em uma salinha e hoje tem a sede e várias unidades de franquias. O foco dela não era palestras nem comunicação.

Ela é uma empresária que tem múltiplos negócios, mas o seu sucesso gerou convites para compartilhar o segredo da boa gestão. O resultado: também foi convidada para palestrar em Harvard.

Singularidade o diferencia de todos os concorrentes e o coloca em outro patamar.

Chega a ser curioso... Outro dia, uma pessoa chegou até mim e disse: "Já assisti inúmeras palestras sobre produtividade, também sou um especialista nesse tema e assisti você lançando um desafio. Pensei: *quero ver se ela consegue dizer um termo que eu já não tenha ouvido antes*. Mas confesso que me surpreendi com sua palestra."

Qual foi o elemento que fez ele se surpreender?

MINHA HISTÓRIA + MÉTODOS PRÓPRIOS = SINGULARIDADE.

Qualquer pessoa pode assistir milhares de outras apresentações, mas a sua será única. Essa é a receita. Quanto mais autêntico você for, quanto mais se conhecer e se aceitar, mais você vai conseguir gerar uma experiência memorável para o seu cliente.

E por fim, a terceira perna do tripé do Método PSE, é o conjunto de **estratégias** que vai ajudar você a alavancar sua carreira de uma forma sustentável.

O que você pode fazer para ser a Disney do seu mercado? Para ser uma marca desejada como a Ferrari ou a Apple?

Todas essas marcas estão repletas de estratégias que as tornam reconhecidas em todo o mundo. Elas não abordam os clientes de qualquer maneira. Elas constroem um relacionamento e se diferenciam.

Fazem diferente do que a manada está fazendo. Se apoiam em princípios e seguem um fluxo de crescimento exemplar.

Nos próximos capítulos, vamos falar mais sobre como você também pode fazer isso em sua carreira.

Você vai descobrir outras estratégias importantíssimas que podem literalmente mudar os rumos da sua carreira e da sua vida.

Se você for guiado por propósito e deixar transparecer claramente sua paixão, com certeza o dinheiro e as oportunidades irão correr para você.

@TATHI_DEANDHELA

4

Oito passos para enriquecer com a sua comunicação

A partir de agora, vamos conhecer melhor os oito passos do ciclo da comunicação enriquecedora.

Você já fez mergulho? Antes de entrar na água, o instrutor transmite o passo a passo da metodologia para que a experiência do mergulhador seja positiva, segura e prazerosa. Ele ensina as técnicas, mostra como fazer o monitoramento do oxigênio, explica que a calma é a sábia conselheira do mergulho e apresenta os sinais da comunicação não-verbal entre mergulhador e instrutor.

Assim faremos. A comunicação enriquecedora será o seu mergulho rumo a um futuro melhor. E, para começar, aqui está um breve resumo sobre os oito passos nos quais nos aprofundaremos, capítulo a capítulo, em seguida.

- **Desbravamento:** uma investigação de como, onde, quando e por qual motivo desbravar territórios e oportunidades. Pode-se dizer que é uma espécie de preparatório, um alicerce para o que está por vir. Por ser o seu ponto de partida, exige atenção máxima;

- **Influência:** comunicadores que enriquecem (especialmente no sentido da **riqueza de conteúdo**) estão prontos para adaptarem-se às mudanças e transitam livremente entre os espaços off e on-line. São camaleões que não se restringem a um ou outro formato. Em busca dessa riqueza, vamos esmiuçar detalhes das redes sociais para que a sua comunicação atraia mais seguidores, tenha maior audiência e, sobretudo, mais engajamento;

- **Posicionamento:** neste capítulo, você perceberá quão relevante e agregadora é a estratégia de branding, também conhecida como de marca pessoal, para mostrar ao mercado quem é você, onde está a sua força e porque você merece ser acompanhado, seguido, escutado, estudado. Vamos conferir juntos o que é preciso para ser a Ferrari do seu segmento de atuação. É aqui que entenderemos o tema-chave a ser usado para enriquecer a partir da comunicação, o que faz com que você tenha o reconhecimento do público em alto nível;

- **Aperfeiçoamento:** se comunicar de maneira memorável e enriquecedora é um processo constante. Por isso, para inspirar as pessoas que recebem e absorvem a sua informação, é necessário desenvolver as técnicas para que sua comunicação seja envolvente e sedutora a ponto de deixar a audiência hipnotizada por seu conteúdo, desejando sempre mais e mais;

- **Monetização:** por razões óbvias, esse quinto passo é o queridinho de muitos. Afinal, enriquecer também tem a ver com remuneração. Aqui ficará claro o que venho dizendo: quem se comunica enriquece. Vamos entender como ganhar dinheiro com o conteúdo, seja por meio de palestras, cursos, workshops, mentorias, consultorias e até mesmo livros! O nosso debruçar por aqui é vasto porque compreende toda a indústria do conhecimento. Portanto, o foco deste capítulo será em como se remunerar usando todo o conhecimento que você vem adquirindo em sua jornada;

- **Vender:** a sexta etapa visa efetivar tudo o que construímos. E como se faz a efetivação de um projeto? Vendendo. Muitos não fazem ideia de como vender durante o processo de comunicação. É justamente essa lacuna que vamos preencher. Se uma aula, um curso ou uma palestra é ministrada, há chances de vender durante a transmissão do conhecimento, e você vai descobrir como fazer isso;

- **Poder:** como dominar e apropriar-se dos recursos que você possui para encontrar a máxima prosperidade no processo de comunicação? Alguns entendem esse recurso como "empoderamento", mas como a palavra tem sido usada especificamente para defender movimentos de natureza política ou ideológica, vamos utilizar "poder", que traduz com eficiência o que buscamos nesta etapa: a profissionalização das ações e as estratégias para empreender, que se dividem em educação, informação e conhecimento;

- **Aceleração:** por último, mas igualmente importante, é o momento de escalar os resultados, e daremos o nosso melhor para que o seu crescimento seja sustentável e exponencial. É nesta fase que fecharemos com chave de ouro tudo o que aprendemos.

Sabe aquela sensação que temos quando estamos montando o roteiro para viajar a um lugar que até então conhecemos apenas por sua fama e fotos? Bem, agora que você já tem em mãos o roteiro do nosso caminho, é o momento de afivelar o cinto e desbravar esse novo território. Boa viagem!

PARTE I

Desbravar

5

Você e o Indiana Jones têm algo em comum

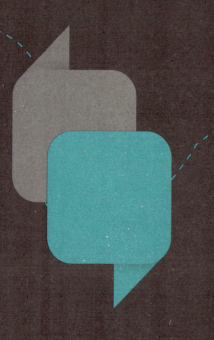

Você já se encontra dentro da primeira etapa do roteiro da comunicação enriquecedora, desbravando!

Quando eu era criança, ali por volta do final dos anos 1980 e início dos anos 1990, os filmes de aventura dominavam a programação da TV à tarde. Todos ficavam vidrados acompanhando Indiana Jones, Tarzan, Marty McFly e vários outros heróis que **desbravavam** cenários extraordinários.

Quando cheguei à juventude, percebi um paralelo interessante entre esses personagens e a minha carreira. Assim como eles, eu também precisava sair da minha zona de conforto para vivenciar experiências memoráveis. Mais que isso: eu precisava encontrar aliados, parceiros que tivessem o mesmo objetivo que eu.

Bom, é aqui que entra a primeira lição de comunicação que vai fazer uma grande diferença na sua vida:

Cerque-se de pessoas que se expressam bem, aprenda com os melhores e, quando chegar o seu momento de formar equipes para apoiar sua operação, escolha quem se identifique com os seus valores e, assim, você e a sua mensagem serão bem representados.

Costumo dizer que a missão do Instituto Deândhela® é se tornar a Harvard daqueles que usam a comunicação em favor da sociedade. Por quê? Não digo isso apenas por ter estudado em Harvard ou por ter experimentado a incrível oportunidade de ministrar uma palestra lá. O motivo está além.

A Universidade Harvard é o berço dos grandes realizadores e se orgulha de ter formado personalidades mundialmente reconhecidas. Da mesma maneira, a nossa missão visa entregar à sociedade pessoas capazes de mudar o Brasil a partir de uma comunicação enriquecedora e da transmissão de conhecimento que transforma vidas.

Dou o melhor de mim para essa causa, e é desse modo que contribuímos para que a mudança aconteça. Pois acredito veementemente na lógica que diz: **quer crescer e ascender na carreira? Ajude o próximo a fazê-lo. Quer ficar rico? Ajude outras pessoas a ficarem ricas.** Logo, o seu crescimento é o nosso objetivo, pois o Instituto Deândhela® se torna mais forte à medida que o seu nome se fortalece.

Nessa sua jornada, você pode contar com dois grandes aliados. Como você já percebeu, o primeiro deles é este livro. Volte aqui sempre que precisar. Isso vai lhe dar uma luz quando os caminhos parecerem muito complicados para avançar.

Já o seu segundo aliado não é tão intuitivo assim... Até porque muitos o enxergam como um vilão. Isso significa que você vai precisar aprender a transformar o tempo no seu maior ajudante.

Fuja daquele velho conto de fadas que começa assim: "Era uma vez uma pessoa que não tinha tempo para crescer...".

Como já falamos antes: mais importante do que saber muito é aplicar o pouco que já sabe.

Se você aplicar pelo menos 20% de tudo o que será validado por aqui, estou certa de que conseguirá um bom resultado. É claro que queremos mais, mas, por enquanto, comece! Sem pretextos ou procrastinações, coloque em prática, vá à ação para empreender na proporção que aprender.

E para ajudá-lo a transformar o tempo em um grande aliado, vou entregar a você uma ferramenta exclusiva para que possa organizar sua rotina com estratégia. Eu desenvolvi esse método depois de muito estudo sobre produtividade e ele é tão potente que foi exatamente seguindo essa metodologia que eu escrevi meus três livros (incluindo este que você está lendo agora)!

> Para acessar o Time Model Canvas é fácil! Basta apontar a câmera do seu celular para o QR Code abaixo e aproveitar.

Estou falando do **Time Model Canvas**. O QR Code ao lado vai levar você até ele. Se você ainda não a conhece, essa ferramenta ajuda a organizar a sua vida, o seu tempo, a sua comunicação, as suas prioridades, estratégias e ações, para que possa agir mais rápido rumo aos seus objetivos. É uma das metodologias mais elogiadas e seguidas por nossos alunos.

Muito bem. Agora que você já tem essa super ferramenta em mãos, chegou o momento de eu lhe contar qual é o segredo para manter a cabeça no lugar enquanto você se mantém em constante evolução.

O primeiro passo é não se comparar a outras pessoas.

Pode observar... Você com certeza conhece pessoas da sua idade que estão dominando o mundo! Enquanto isso, também há aqueles que estão recomeçando do zero. Quem está certo e quem está errado?

Essa resposta é: não existe certo ou errado nessa situação!

Os resultados, as circunstâncias e a realidade vivenciada são pessoais e intransferíveis. Cada um tem seu ritmo. Às vezes, olhamos para alguém que está na crista da onda e desejamos ter o mesmo resultado, ignorando o fato de que essa pessoa viveu uma vida completamente diferente da nossa.

Nada abala mais a autoestima do que o terrível hábito de se comparar.

Lembre-se: você é singular por natureza divina e única. Se outros estão encontrando resultados, que sirvam de inspiração e incentivo, nunca como algo depreciativo. E se você está à frente, ajude e incentive os demais e compartilhe resultados, porque é assim que o mundo evolui.

O segundo passo é saber que a sua comunicação e a sua mensagem não são sobre você mas sim sobre a transformação que podem gerar na vida das pessoas. Isso é libertador.

Ao longo desta obra, você terá acesso a muitas técnicas que são bem-vindas, mas não se esqueça de que a melhor e mais enriquecedora comunicação é aquela feita com a alma, de dentro para fora, do coração para a audiência, da mente de quem comunica para a mente de quem recebe.

Comunicação nunca é sobre você mas sim sobre a transformação que ela é capaz de gerar nas pessoas.

Certa vez, uma aluna me disse:

"Tathi, tenho feito lives, mas só uma pessoa tem o hábito de me procurar para interagir."

Outro especialista talvez focaria especificamente o aumento do volume de público para virar esse jogo. Sabe o que nosso time fez? Focamos os benefícios que essa única seguidora vinha recebendo da minha aluna. Aos poucos, seu número de seguidores cresceu a partir dos resultados conquistados por aquela seguidora.

Às vezes, mudamos a vida de uma única pessoa. Se isso acontece, já valeu a pena!

Não se apegue aos números, e sim aos feitos. Contemple a multidão e, se tiver a chance de transformar uma vida que seja, faça-o.

É claro que é bom ter vários seguidores, mas saiba que primeiro mudamos a vida de uma, duas, dez, vinte pessoas, e só depois, com o tempo, conseguimos alcançar os milhares e até milhões.

O terceiro e último passo é a técnica. Quando comecei a fazer aulas de violoncelo, estava toda empolgada imaginando que o professor ensinaria logo uma musiquinha fácil para destravar. Olha a ingenuidade! Na prática, a aula foi bem diferente do que pensei. Ele dizia:

"Não, Tathi. Durante uma semana, vamos focar um só exercicio: passar o arco na corda."

Tentei argumentar, mas fui convencida pelo mestre. Havia uma técnica certa para pegar no arco, evitando a tendinite, calibrando a linha tênue que separa a força e o jeito de segurar e passar o arco para extrair o melhor som do instrumento.

Na segunda semana, a animação era ainda maior, crente de que a lição seria mais avançada. Levei até uma música que tinha escolhido. Mas escutei do professor:

"Tathi, um dia nós vamos aprender essa música. Nesta semana, vamos treinar escala."

Foi uma semana aprendendo a lidar com as notas musicais, respeitando a escala de cada uma. Passaram-se quinze dias. Bem diferente e mais frustrante do que eu imaginava, ainda não tinha tocado uma música sequer.

Porém, quando chegou o grande momento, a primeira vez que tive a chance de tocar uma música, eu já sabia a posição certa dos braços e dos dedos para extrair do violoncelo o melhor e mais genuíno som, a melhor afinação e os melhores resultados. Eu estava preparada!

Assim também acontece na comunicação que enriquece. Cansei de ver pessoas chegando afoitas ao universo da comunicação, procurando resultados em tempo recorde sem ao menos se dedicarem ao estudo da teoria e, menos ainda, à prática.

Não se trata de montar a palestra ou a aula perfeita com a máxima rapidez, e sim de se preparar para a técnica e o treino. Em meus cursos de oratória, não canso de repetir que as pessoas de sucesso na área da comunicação treinam duas horas para cada cinco minutos de fala.

Essa afirmação vem com base na Teoria das 10 mil horas, proposta pelo psicólogo Anders Ericsson em 1990.[16] A proposta, de maneira simples e resumida, é de que, para se chegar à maestria máxima, é necessário praticar cerca de 10 mil horas naquele campo de atuação.

Tem uma frase célebre dita por Bruce Lee durante uma entrevista que cabe bem neste contexto: "eu não tenho medo do homem que praticou 10 mil chutes diferentes, mas sim do homem que praticou o mesmo chute 10 mil vezes."[17]

Steve Jobs, por exemplo, dizia que, antes de realizar uma apresentação, treinava por dois meses.[18] Isso explica por que toda vez que falava em público era uma sensação, um frenesi, uma disputa de cadeiras para ouvi-lo.

Assim, sugiro que pratique os dois Ts: técnica e treino. Faça suas apresentações em frente ao espelho, em lives improvisadas e experimente gravar vídeos. O grande segredo é começar seus treinos em espaços menores, que você possa dominar sem grandes contratempos e onde você possa se autoavaliar.

Isso mesmo, o autofeedback é fundamental para deslanchar.

Ninguém nasce sabendo! E o perfeccionismo é péssimo companheiro dos que desejam viver a filosofia e a metodologia Faça sua comunicação enriquecer você.

Os primeiros contatos com a câmera podem não ser maravilhosos, e o medo ou a vergonha são filhos desse eventual desconforto.

Por outro lado, uma pessoa que parte para uma primeira gravação e não sente nenhum medo pode ter dois grandes problemas: ou demorou demais para começar, ou não tem evoluido e se acostumou a entregar o mesmo conteúdo.

A técnica e o treino nasceram para andarem lado a lado. Quem treinou e está preparado pode até sentir um pouco de medo, mas tem recursos poderosos para lidar com ele.

Deu uma aula e sentiu que poderia ter sido melhor? Tudo bem, não é o fim do mundo. Verifique o que pode melhorar e corrija. Não entendeu uma parte em seus estudos? Tudo bem, desafie-se a reler o livro. E por falar em desafio, ai vem ele, no próximo capítulo...

---

16 ERICSSON, A.; POOL, R. **Peak**: secrets from the new Science of expertise. Nova York: HarperOne, 2017.

17 LEE, B. *In*: PENSADOR. Disponível em: https://www.pensador.com/frase/MTUyMTA5NQ/. Acesso em: 9 jun. 2022.

18 GALLO, C. **Faça como Steve Jobs**. São Paulo: Lua de Papel, 2010.

6
A regra de ouro para a vida

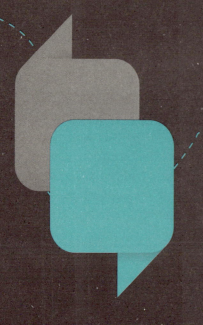

No século XVI, acreditava-se que o Sol e todos os planetas giravam em torno da Terra. Apesar de centenas de anos de estudos astronômicos, até aquele momento a ciência ainda não tinha encontrado provas que pusessem em xeque essa crença.

Até que o astrônomo e matemático polonês Nicolau Copérnico conseguiu propor um modelo matemático que previa com certa precisão como funcionava o modelo de movimentação dos planetas no sistema solar, o conhecido modelo heliocêntrico.[19] Tal descoberta acabou sendo proibida e condenada pela Inquisição, a ponto de seus defensores poderem ser executados caso expressassem concordância com Copérnico.

Esse é apenas um dos incontáveis exemplos na história do mundo de pessoas que morreram jurando estarem certas, mesmo enquanto todos diziam o contrário.

Percebe que o "erro" é uma questão conceitual? Ou você conhece alguém que tenha uma cartilha universal sobre o que é certo e errado quanto a todos os assuntos do mundo?

Sem que se possa firmar ou afirmar, conceitos e descobertas são criados, postos e depostos a todo momento. Eles dependem de crenças e influências e, portanto, o certo muitas vezes ultrapassa o racional, apontando mais para uma questão interpretativa do processo de comunicação.

Daí se fundamenta nossa regra de ouro: **não existe certo ou errado.**

Muitas pessoas travam diante de determinado desafio. Temem *fazer errado* e, na dúvida, não fazem nada! Essa é a principal razão pela qual tantos patinam e se distanciam da comunicação enriquecedora.

---

19 NICOLAU Copérnico. **Toda Matéria**. Disponível em: https://www.todamateria.com.br/nicolau-copernico/. Acesso em: 9 jun. 2022.

Ao desbravar novos espaços na mente, permita-se agir conforme suas interpretações e crenças, sem prejulgamentos, sem se preocupar se é ou não capaz de realizar o que é proposto e mais: sem pensar se vai fazer certo ou errado. Faça do seu jeito, pois só encontra resultado quem se desafia.

Nenhum atleta vence todas as partidas. Nenhum time vence todos os campeonatos. Nenhum cientista acerta em todas as teorias. Nenhum inventor cria um produto revolucionário na primeira tentativa.

E nenhum comunicador é aplaudido todas as vezes que fala.

O que garante o triunfo é o comprometimento total com sua mensagem. Escolher apostar apenas nos pontos que você entende como cruciais equivale a tomar meio sorvete ou fazer meia viagem. Temos um destino e precisamos ir até o fim. E por que estou falando tudo isso? É porque vou propor a você um desafio.

Nas últimas páginas desta obra, você vai encontrar uma lista com todos os livros que considero indispensáveis para a evolução de comunicadores. São leituras de cabeceira que me ajudaram muito e com certeza também o ajudarão.

Meu desafio para você é: estude cada um deles. Continue se desenvolvendo!

Mas atenção! Para cada leitura, determine um prazo! Pode ser de uma semana, um mês... Entenda a sua realidade e rotina e crie tempo para esse exercício. Nada de ler "quando sobra tempo", sem comprometimento.

A grande poetisa goiana Cora Coralina disse em um de seus poemas: "feliz aquele que transfere o que sabe e aprende o que ensina".[20]

Já mencionei antes e volto a reforçar: se apenas ficar na leitura, o seu aprendizado será mínimo. Anote os pontos que entende como determinantes, sublinhe, faça observações e o que mais desejar. Depois, compartilhe com seus amigos, colegas e até mesmo com os seus seguidores quais pontos inspiraram você e quais insights teve durante a leitura.

Ao transferir o que agora sabe, suas redes sociais ganharão destaque porque as pessoas apreciam aprender com alguém de quem gostam, ou quem consideram próximos.

---

20 CORALINA C. Exaltação de Aninha. *In*: CORALINA, C. Vintém de cobre: meias confissões de Aninha. Goiânia: UFG Editora, 1983. p. 136.

É o típico exercício que coloca fim àqueles argumentos infundados que vemos por aí:

"Ai, Tathi, eu quero começar a fazer lives, mas não sei sobre o que falar."
Pronto, agora sabe:

- A pirâmide de aprendizagem;
- A importância de encontrar aliados e parceiros de missão;
- Como organizar seu tempo com o Time Model Canvas;
- O segredo para a autoconfiança está em fugir da comparação.

E muitos outros assuntos dos quais falamos até agora! E ainda nem chegamos na metade do livro!

"Poxa, Tathi, posso fazer o mesmo com filmes que trazem aprendizado, já que eu sou supercinéfilo?"
Beleza!

"Tathi, no meu caso é a música que mexe comigo. Posso escolher letras de música que têm grandes recados evolutivos e fazer lives sobre elas?"
Sim, vale também.

Essa é a regra de ouro, lembra? Não existe certo ou errado, e sim **o seu jeito** de aprender, de ensinar e de entender como se comunicar melhor com o seu público. O mais importante é exercitar a sua comunicação.

Afinal, tudo na vida se enriquece com técnica e treino.

Quer uma prova disso? Como as grandes empresas aumentam seu patrimônio? Treinando os inexperientes, aprendendo e ensinando ao mesmo tempo.[21, 22] Mary Kay, Avon, Natura, Wise Up, Magazine Luiza são só alguns exemplos disso.

Com práticas como essa, você aprende mais, ganha relevância no mercado e exercita o generoso ato de ensinar. Não existe contraindicação.

"Tathi, vou ser sincera. Não sei se consigo ler um livro inteiro em um mês e fazer uma live sobre ele por causa da minha atual rotina."

---

21 INVESTIR nos colaboradores é o melhor caminho para a sua empresa inovar. **Sebrae**. Disponível em: https://www.sebrae.com.br/sites/PortalSebrae/artigos/investir-nos-colaboradores-e-o-melhor-caminho-para-sua-empresa-inovar,e657ffee6bb28510VgnVCM1000004c00210 aRCRD. Acesso em: 28 jun. 2022.

22 PAPO de parceiro 06: expondo o seu produto digitalmente. Entrevistador: Alexandre Ottoni. Entrevistados: Leandro Leite Soares e Maristela Mendonça. [S. l.]: NerdCast, 18 jan. 2022. Podcast. Disponível em: https://open.spotify.com/episode/3JuXJHCPtKVhiiyeSV0VJq?si=ac9526747d844ddf&nd=1. Acesso em: 28 jun. 2022.

"Sem problemas. Leia, por exemplo, do capítulo 1 ao 5 e faça uma live comentando o que viu até então. Lá na frente, faça outra live, uma espécie de parte dois. O público adora conteúdos com continuação, e você não deixa de participar do desafio."

Como pode perceber, leitor, não existe margem para pretextos e desculpas. Tudo depende do seu foco e dedicação.

No fim das contas, confira a matemática do que aparenta ser um exercício simples: hipoteticamente, digamos que você aceite cumprir a meta de três livros em um mês, tome gosto e decida repetir o desafio todos os meses. No espaço de um ano, você lerá 36 obras, ensinará muitas pessoas, intensificará o trânsito e o engajamento em sua rede social, aprenderá 72 vezes (seguindo a pirâmide de aprendizagem de Glasser) e, sobretudo, aumentará seu repertório, ampliará sua bagagem cultural e facilitará aquilo que proponho aqui: enriquecer a sua comunicação e a do seu público e, consequentemente, enriquecer financeiramente a partir do que você comunica.

A seguir, descobriremos os tipos de comunicadores que existem para que você identifique o seu perfil, conceito que o ajudará bastante em suas lives e outros formatos de transmissão de conhecimento.

O que garante
o triunfo é
o comprometimento
total com
sua mensagem.

@TATHI_DEANDHELA

7

Pare de tentar ser alguém que você não é

Vou confessar um segredinho: sou suspeita para falar, mas admito que esse é um dos meus capítulos favoritos. Aqui você vai descobrir quem é você na indústria do conhecimento e que tipo de comunicador enriquecedor deseja se tornar.

Antigamente, ao assistir uma palestra, eu admirava determinada qualidade do palestrante e pensava: *quero fazer desse jeito!*

De repente, me dava conta de que tal pessoa contava piadas superbem, o que não combina comigo. Ou assistia a um palestrante filósofo e refletia: *como ele faz essas viagens todas para conectar os assuntos e misturar tudo de maneira tão reflexiva?*

Se fosse me basear nas competências singulares desses profissionais, concluiria que eu não sirvo para ser palestrante. Então tratei de colocar em pauta a regra de ouro de que não existe certo ou errado.

Como disse anteriormente, se comparar é da natureza humana, mas cabe a cada um de nós o esforço para não o fazer. Ou, se fizermos, pelo menos não deixar que isso afete nosso julgamento!

Eu também já agi dessa maneira e tratei de mudar. Se hoje o Instituto Deândhela® alcançou tamanha força, parte desse sucesso deriva do exercício de observar livre das comparações. Ao ver, conhecer e admirar outras histórias de sucesso, tenho inspiração para analisar meus próprios caminhos. Essa é a diferença entre estudar um *case* e se comparar a ele.

E você também passará por isso!

Mas tudo começa em identificar o próprio perfil, aquilo que o torna único, um comunicador de estilo citado pela originalidade.

Isso quer dizer que você só pode ter um tipo de estilo? Claro que não! Todo mundo tem mais de um interesse e, obviamente, acaba moldando seu comportamento diante de diferentes situações.

A questão é: sempre tem um que prevalece. Seu perfil dominante é, em resumo, aquele com o qual você se sente mais confortável.

Antes de apresentar os diferentes perfis, quero lhe contar uma coisa. Certa vez, lá no início da minha carreira, enquanto bebia das melhores fontes de conhecimento, tive a chance de ouvir o psicólogo e palestrante Waldez Ludwig validando uma lição inesquecível sobre o comportamento dos pais ao educar os filhos. Ele falou algo mais ou menos assim:

"O filho chega da escola com um bilhetinho endereçado ao pai e mostra a nota 5 em Português e 10 em Matemática. O que o pai faz? Briga com o filho por causa da nota mediana em português, contrata professor particular para reforçar o aprendizado e, no fim das contas, todo o foco é voltado para essa matéria. Chega o fim do ano e o garoto fica com uma nota 7 em todas as matérias.

O garoto se tornará mais um no meio da multidão com resultado mediano. O que o pai poderia ter feito? Desestimular totalmente o aprendizado do Português? Claro que não. Tudo bem dar uma força para o filho na matéria em que não vai bem. Por outro lado, poderia esse pai ter dito:

'Filho, eu vi sua nota em Matemática e quero acredito no seu potencial. Vou contratar um professor para dar uma ajuda no Português, mas entendo que devemos focar e estimular ainda mais a sua pegada com as exatas. O que acha de participar de campeonatos, aquelas Olimpíadas de Matemática?'

O pai geraria crescimento exponencial naquilo em que o garoto já era naturalmente bom, quem sabe até formando uma autoridade, uma referência!"

A lição do garoto se aplica ao comunicador, que deve focar seus pontos a serem melhorados, sem tentar ser quem não é. Isso só leva à perda da originalidade. Por vários anos, pesquisei e estudei perfis de comunicação no Brasil e no exterior até destacar os sete que apresento a seguir. A identificação com um deles permite um grande salto na desenvoltura da comunicação. Vamos a eles.

COMUNICADOR *EMPOWERMENT*

Aquele que pula, dança, agita o público, como Tony Robbins e T. Harv Eker. Se você entende que este é o seu perfil, ao ministrar uma aula, palestra ou o que for, chamará atenção dos ouvintes pela dinamicidade que gera, além do efeito de aprendizado em massa gerado por uma energia contagiante e positiva.

Entretanto, se este não for o seu perfil, fuja dele, porque pode soar extremamente forçado, raso e artificial quando não se dá de maneira natural. As pessoas percebem que o comunicador está copiando um estilo, fazendo uma péssima interpretação.

Uma característica deste perfil é que ele gera uma inevitável relação de amor e ódio. Enquanto uns amam o vigor do aprendizado e sentem-se em alto estado de *flow* – de prazer emocional e conexão energética com o que está acontecendo –, outros, mais introspectivos, detestam, porque não encontram sentido na proposta.

Para quem opta por seguir com esse tipo de comunicação, é importante atentar-se ao alinhamento do tema. Quem trabalha com assuntos corporativos e formais, como auditoria, por exemplo, precisa entender que temáticas mais pragmáticas são mais distantes deste estilo, e uma tentativa de improvisação tende a não atingir tão bem o público-alvo, por exemplo o executivo mais introspectivo.

De 0 a 10, quanto este estilo relaciona-se com o meu perfil de comunicador? _____

COMUNICADOR *STORYTELLING*

Trata-se do comunicador que, do início ao fim de suas apresentações, conta (e muito bem) histórias. Nas mãos deste perfil, qualquer situação que gere aprendizado se torna uma história: a experiência com o cunhado folgado, o irmão que viaja na maionese, o vizinho que ouve som alto, o cliente que só compra quando está de bom humor, os *cases* de grandes marcas.

Convenhamos que é unânime gostar de ouvir uma história bem contada. Quem possui essa habilidade conduz qualquer palestra, aula ou treinamento de maneira leve do início ao fim. É o caso de Leandro Branquinho, que viajou o mundo atrás de boas histórias na área de vendas, e de Pedro Superti, que conta histórias brilhantes de renomadas marcas e empresas.

Aos que possuem o perfil, minha recomendação é a dosagem, como bem fazem esses dois especialistas citados. Se decidir contar a própria história, cuidado com o tom de vitimismo, com o foco nas partes tristes. Divida a sua história com o público se for esse o seu estilo de comunicação, porém de maneira leve, quem sabe até cômica quando relatando momentos difíceis.

Além disso, tenha cuidado extremo com a arrogância. E evite o excesso de adjetivações: "precisei ser incrivelmente guerreiro para vencer".

Conte a história e deixe que o próprio público a enalteça, o que sempre acontece quando uma história é contada com magia, envolvimento e humildade.

Por fim, é importante que exista uma lição ao término do *storytelling* para justificar o fato de contar aquela história. Se o público sentir que você a contou apenas por contar, pode pensar que seu tempo foi desperdiçado. Lembre-se de se fazer a pergunta "o que minha audiência pode aprender com essa história?" e, se a resposta for convincente para você, será para eles também. Agora, reflita.

De 0 a 10, quanto este estilo relaciona-se com o meu perfil de comunicador? _____

COMUNICADOR CIENTISTA

Esse tipo de comunicação requer um profundo conhecimento e estudos em determinadas áreas, o que passa muita credibilidade a tudo que está sendo dito.

Os comunicadores cientistas trazem referências, autores, estudos e pesquisas que aumentam o embasamento teórico do que defendem. Aqueles que apresentam esse perfil são reconhecidos por serem "mestres" em sua área e é muito difícil contrariar o que dizem.

O cuidado especial que esses comunicadores merecem ter diz respeito à eventual chatice que uma sopa de dados pode gerar.

Se a linguagem da aula, do treinamento ou do curso for extremamente técnica, há o risco de ser entediante para a audiência em vez de promover conhecimento e prazer. A dica é que apresente um pouco de aspectos emocionais para complementar os muitos aspectos técnicos, por meio de metáforas, analogias, histórias e, quem sabe, pitadas de humor, caso se sinta à vontade.

Posso citar palestrantes deste perfil que fazem excelente trabalho para seduzir e envolver a audiência, como o professor estadunidense do MIT Dan Ariely, o renomado autor Christian Barbosa ou o economista e apresentador Ricardo Amorim, reconhecido por seu trabalho no programa de televisão *Manhattan Connection*. Todos eles apresentam dados relevantes em suas palestras com leveza, encantando sua audiência e garantindo que entendam a mensagem. Você se identificou?

De 0 a 10, quanto este estilo relaciona-se com o meu perfil de comunicador? _____

COMUNICADOR CASE DE SUCESSO

Este é o profissional que apresenta histórias de sucesso da própria vida e carreira para inspirar o público. Em linhas gerais, retrata a vivência de quem saiu do nada e deu a volta por cima, superando uma situação adversa ou enriquecendo a partir de ações inusitadas.

Com linguagem simples, humilde e direta, dificilmente utiliza expressões mais rebuscadas e elitizadas. Alguns exemplos deste perfil no Brasil são Geraldo Rufino e Rick Chesther, no exterior, Nick Vujicic.

De 0 a 10, quanto este estilo relaciona-se com o meu perfil de comunicador? _____

COMUNICADOR ARTISTA

É o perfil em que se encaixam atores, músicos, mágicos, cantores... Quem domina qualquer formato de arte para inserir em sua comunicação, em suas aulas ou eventos diversos proporciona ao público uma experiência diferenciada e enriquecedora, porque combina um casamento poderoso entre conhecimento e entretenimento.

O comunicador deste perfil se destaca e costuma conquistar atenção máxima da plateia, que pode ir do choro ao riso em poucos minutos, tendo as emoções e o coração tocados.

Como todo perfil, também há cuidados a se assumir para quem se identifica com este, e o principal deles é não perder o foco daquilo que está ensinando. Em outras palavras, conteúdo e lição central devem protagonizar o evento. Do contrário, quando o show ofusca a informação – por melhor que seja o conhecimento gerado –, o público dirá: "foi legal, mas teve pouco conteúdo".

Ou seja: inspire pelo conhecimento e reforce pelo entretenimento.

Alguns palestrantes que fazem isso com maestria são o Murilo Gun, Henry Vargas e Klauss Durães.

Caso esse comunicador prefira o show, não há problemas! Lembra da regra de ouro?

Basta trocar o ambiente: em vez de frequentar os palcos da informação ou as salas de aula, poderá optar pelo teatro. Este é o lugar perfeito para entregar só a alegria e o calor característico da performance, pois o público que procura se entreter não está preocupado nem espera levar para casa um conteúdo relevante para usar na carreira e na vida de maneira geral.

De 0 a 10, quanto este estilo relaciona-se com o meu perfil de comunicador? _____

COMUNICADOR ATLETA

É aquele cuja inspiração a levar para a sociedade advém do esporte.

Costuma usar muitas analogias, metáforas e experiências ao lado de outros atletas e treinadores famosos. Encontra simpatia da audiência, pois o público adora participar de eventos e ver que na programação dos que assumirão o microfone consta o nome de seu ídolo do esporte.

Expressões como "ser faixa preta de sua vida", "medalhista" ou "finalista da carreira" encontram eco no coração de quem assiste, porque assim é a mente humana, capaz de se imaginar em posição vencedora.

Os exemplos estão por aí aos montes e, para citar apenas alguns grandes nomes, Bernardinho, Joel Jota, Giba e Oscar Schmidt.

E você? Tem conquistas esportivas a partilhar com o público?

De 0 a 10, quanto este estilo relaciona-se com o meu perfil de comunicador? _____

COMUNICADOR FILÓSOFO

Em alta no setor nacional de eventos e contratado para levar conteúdo a setores bem distantes da filosofia, como o corporativo, o comercial e o de serviços, este perfil tem trânsito livre em diversos segmentos.

A explicação mais plausível para isso é que esse comunicador promove discussões de questões da vida enfrentadas por todos, todos os dias. Sua verdadeira profundidade está no fato de que, apesar de serem tão comuns, essas reflexões passam batidas por conta da rotina, da correria, da pressão e das metas.

São comunicadores que falam bem, têm estilo de narrativa elegante e simples. Em vários casos, sequer usam slides em seus trabalhos. Ainda assim, eles têm um ritmo de argumentação e reflexão que deixa a plateia hipnotizada.

Alguns exemplos são Leandro Karnal, Mario Sergio Cortella e Clóvis de Barros Filho. É o seu caso? A filosofia é um dos temas sobre os quais você tem se debruçado?

De 0 a 10, quanto este estilo relaciona-se com o meu perfil de comunicador? _____

SEJA VOCÊ

Seja qual for o seu perfil ou estilo, seja um só ou a mistura de vários, importante mesmo é que a sua comunicação seja memorável e enriquecedora em todos os sentidos.

Reconheça o seu perfil, explore o máximo de seus pontos fortes e comunique-se pela originalidade de sua essência, de seu DNA único.

Talvez você se pergunte se pode misturar esses elementos em seus trabalhos que envolvem aulas, lives, palestras, cursos rápidos e treinamentos alongados.

A resposta é afirmativa, desde que tudo se encaixe na medida certa, fazendo seu público voltar para casa feliz, leve e dotado da convicção de que conseguirá implementar o que aprendeu.

É isso que nos torna memoráveis: fazer com que o espectador comente sobre o impacto de nossa palestra ou aula por anos ou até décadas. Esta é a magia da indústria do conhecimento.

É possível aprofundar a análise do seu perfil para saber ainda mais sobre você, e as ferramentas para isso estão disponíveis e podem ser encontradas com facilidade: disk, eneagrama, MBTI e tantas outras que facilitam o autoconhecimento. Não vou usar o livro para detalhar essas ferramentas, pois o nosso objetivo não é estudar esses elementos, e sim desenvolver a comunicação que enriquece em todos os sentidos. Seja por meio dessas ou de tantas outras, o fato é que quanto mais você investir e empreender em autoconhecimento, maior é o seu resultado comunicacional.

Ao identificar o seu talento, retome o exemplo do garoto que tirou nota boa em Matemática e aprofunde seu conhecimento. Vá além, transcenda, supere-se, pois em termos de comunicação não existe limite para o quão longe você pode ir — até porque, é impossível chegar ao estado de "já estudei tudo" ou "já acabei".

Explore seus diferenciais competitivos e não se acomode. Se você é fera em algo, siga ensaiando, conferindo suas técnicas, treinando o repertório, se atualizando e criando material.

Nunca permita que a arrogância o faça pensar algo como: *eu já faço o que faço com o pé nas costas*. Improviso e excelência são como água e óleo: não se misturam.

Você conseguiu identificar de verdade o seu perfil ou ainda está com dúvidas? Mantenha a calma porque não vou deixar você na mão! Eu e minha equipe preparamos um **teste** que vai lhe ajudar a ter mais clareza sobre qual o seu perfil de comunicador. Para acessar, é só checar o QR Code ao lado.

Para acessar o teste de perfil é fácil! Basta apontar a câmera do seu celular para o QR Code abaixo e aproveitar.

Uma vez identificado, estude a fundo os pontos fortes e de melhoria do seu perfil dominante e siga estas três regras: treine, treine e treine.

Se identificou que é comunicador *storytelling*, pratique, conte histórias para as pessoas próximas, avalie a reação e o feedback do público que escolheu. Se for um comunicador *case* de sucesso, faça uma live contando fragmentos de sua história, do seu estudo de caso e sinta a reação do público.

Até a conversa um a um pode ser uma palestra. A exemplo de Tony Robbins, transfira conhecimento e insights para os amigos, pois treino melhor não há.[23] Se até ele começou assim e hoje milhares de pessoas fazem filas pela chance de participarem de seus seminários, por que não daria certo com você?

Se eu comecei treinando com o meu time e hoje tenho a grata chance de representar o Instituto Deândhela® nos palcos mais disputados no Brasil e no exterior, por que você não conseguiria?

Pronto para seguir a caminhada? Chegou o momento de falarmos dos superpoderes e, antes que pense não os ter, adianto: tem sim. Vem comigo!

---

23 TONY Robbins: Eu não sou seu guru. Direção: Joe Berlinger. EUA: Netflix, 2016. Vídeo (115 min). Disponível em: http://www.netflix.com.br. Acesso em: 9 jun. 2022.

Ao ver, conhecer
e admirar outras
histórias de sucesso,
tenho inspiração
para analisar meus
próprios caminhos.

@TATHI_DEANDHELA

8

Seus maiores superpoderes

Chegou o momento de você conhecer quais são as suas forças e os seus pontos de melhoria como comunicador designado.

Para isso, você vai preencher uma ferramenta chamada **Roda dos Superpoderes**. Ela funciona semelhante à Roda da Vida, usada no processo de coaching.

Adaptamos essa ferramenta para a dos superpoderes com o objetivo de ajudá-lo a se comunicar à luz da excelência que enriquece. Preencha a roda com as notas que atribuir a cada um dos superpoderes descritos logo em seguida. Vamos juntos!

Você vai se deparar com os dez poderes fundamentais para tornar sua comunicação inesquecível e alcançar resultados enriquecedores.

O objetivo desta ferramenta é medir o seu antes e depois, isto é, fazer com que você tenha clareza sobre o nível das suas habilidades, registrando o seu progresso sempre que pode e, assim, focar seus esforços em se aprimorar de maneira estratégica.

A principal regra quando você for preencher a roda é: não minta para si mesmo. Não tente se enganar, nem florear uma realidade inexistente. **Lidar com a verdadeira situação é a chave para se desenvolver. Tentar manipular os fatós é uma forma perigosa de autossabotagem que vai atrasar sua evolução.**

Então, vamos avaliar os seus superpoderes? Em cada critério, pense como você está e dê uma nota de 0 a 10. Sendo que uma nota 0 representa uma total falta daquela habilidade e uma nota 10 significa completa maestria.

RODA DOS SUPERPODERES

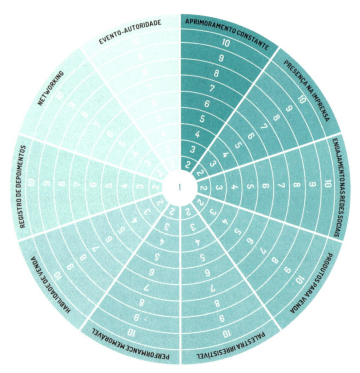

1. **Aprimoramento constante:** um atleta só ganha competições enquanto ele se dedica aos treinos. Assim também é com a sua comunicação: quanto mais você estuda, se esforça e se desenvolve, melhores serão seus resultados. E isso vai muito além de cursos de oratória! Dedique seu tempo a também estudar sobre o seu tema de interesse principal, inteligência emocional e tudo o que se pode aprender a respeito do autoconhecimento. Enriqueça sempre o seu repertório. Você tem dedicado quanto tempo da sua semana ao seu aprimoramento?;
2. **Presença na imprensa:** quem não é visto não é lembrado. É preciso estar em evidência e, para isso, realizar trocas com outros comunicadores, como lives e colabs, participar de entrevistas, eventos e programas diversos. Manter-se ativo em seu nicho é fundamental. Qual tem sido o seu nível de participações e interações nas mídias sociais, nas rádios, TV, revistas, podcasts, grandes canais do YouTube entre outros?;
3. **Engajamento nas redes sociais:** embora seja óbvio, ainda há quem não saiba que o número de comentários multiplica o alcance nas redes sociais. Como em qualquer outro setor, existe concorrência

nas mídias e não há espaço para todos ao mesmo tempo. As plataformas usam, dentre outros critérios, o engajamento para definir qual post ou autor ficará na crista da onda, saltando aos olhos dos demais usuários. Outra boa referência é a taxa de salvamentos do seu conteúdo, o que representa um bom termômetro de engajamento e indica se o seu trabalho nas redes tem perfil enriquecedor. O seu público engaja com as suas publicações?;

4. **Produtos para venda:** todo profissional que se comunica e enriquece deve ter produtos memoráveis, como livros, e-books, cursos, mentorias, consultorias, palestras etc. Enfim, é preciso ter e abastecer o seu portfólio, sempre criando e "embalando" soluções, fornecendo material que permita ao público levar um pouco mais de você para casa. Quais produtos você tem hoje? Eles atendem a todas as necessidades dos seus clientes?;

5. **Palestra irresistível:** se você já possui uma palestra, pensando na autoavaliação que propus até aqui, que nota você daria para ela? Ainda que você não seja palestrante, e sim professor, orador ou assuma qualquer formato de comunicação profissional, é preciso pensar em ter uma palestra irresistível, que sintetize tudo o que tem a oferecer para a indústria do conhecimento;

6. **Performance memorável:** lembra quando eu falei, alguns capítulos atrás, que uma palestra é como um espetáculo do Cirque du Soleil? Neste sentido, aqui você vai avaliar a sua entonação, o ritmo e a velocidade que usa para falar durante esses eventos, se você sente que as pessoas compreendem 100% do seu conteúdo ou não, se você faz uma abertura impactante e um *gran finale* inesquecível e assim por diante. Você pode também aplicar essa avaliação em sua comunicação em suas plataformas, como mídias sociais, conteúdos, sites, blogs etc.;

7. **Habilidade de venda:** você tem vergonha de vender? Comunicadores memoráveis desenvolvem uma grande facilidade em expor suas ideias e soluções. Seja honesto consigo: você conhece e domina técnicas de vendas e prospecção? Domina a arte de superar objeções? Sabe identificar e aproveitar o momento certo do fechamento?;

8. **Registro de depoimentos:** os feedbacks do seu público são uma das principais estratégias para fechar novos negócios e elevar os que já existem para outro nível. Nada é mais poderoso do que o relato real de uma experiência, o que ainda simboliza a sua capacidade de fazer outras

pessoas encontrarem bons resultados. Pense bem... Se você procura avaliações e comentários de hotéis, restaurantes, livros, filmes e séries, por que seus potenciais clientes não farão o mesmo com você?;

9. **Networking:** eu digo abertamente em palestras, cursos, entrevistas ou lives: esse superpoder vale mais do que dinheiro. Imagine uma chave, um simples objeto criado para abrir e fechar portas. No calor da vida real, na qual a comunicação faz toda diferença, nossas chaves do enriquecimento são os contatos certos que abrem qualquer porta, por mais emperrada que ela pareça. Você mantém contatos estratégicos por perto? Com que frequência se relaciona com eles? Você tem gerado valor nestas relações?;

10. **Evento-autoridade:** são os eventos em que 100% dos comunicadores que enriquecem devem estar. Direcionados aos líderes, gestores, vendedores, empreendedores e executivos, são encontros que reúnem a fina flor das pessoas que podem compor o seu network. Jamais veja esse tipo de encontro comercial-corporativo como opcional. Posso citar exemplos de empresas à frente de eventos bem organizados e estruturados: KLA Eventos, A Magia do Mundo dos Negócios, Corpo RH e N Produções. Se você receber um disputado convite para ministrar um trabalho nesses ambientes, aceite sem olhar para o valor do cachê. Como anda a sua participação nesses eventos?

Atenção: esse exercício é CRUCIAL para o seu avanço como comunicador designado! Sabe por quê?

Imagine o comandante de um navio de cruzeiro que, sob a sua responsabilidade, tem uma embarcação milionária, que pode chegar a 230 mil toneladas, além de milhares de vidas entre passageiros e tripulantes. Sabe qual é o segredo do sucesso desse comandante? Ele sabe exatamente como está a embarcação e esse controle é constante. Antes mesmo de embarcar, ele avalia as condições do navio, do mar, do tempo, da tripulação. Ele acompanha os avisos das autoridades para determinadas regiões e verifica todos os itens de segurança.

O mesmo deve ser com todas as profissões. Isso porque é impossível pensar em evolução sem ter um parâmetro de acompanhamento!

Assim, chegamos ao fim da etapa de desbravamento. Passou tão rápido!

A verdade é que, ao aprofundarmos em nosso propósito de vida, comunicação e transformação das pessoas à nossa volta, nos sentimos mais motivados e não percebemos o tempo que passou ou o esforço aplicado para chegarmos até onde estamos.

Mas, antes de seguir para a próxima parte do livro, preciso ainda comentar algo superimportante para a sua carreira de comunicador.

Existe um preconceito cultural sobre "o último", já notou? Tudo bem que no esporte e nas vendas ninguém queira ficar em último lugar. Mas nem sempre isso é verdade. Em algumas situações, o "último" é neutro. Só mais uma posição, como o primeiro ou o sexto. É o caso deste momento. Acabamos de degustar o último passo da parte Desbravar, que possui tanta importância quanto o primeiro.

Costumo dizer que, se você deseja construir um prédio de vinte andares, o alicerce precisa ser muito bem planejado, preparado e robusto. A base que sustenta a carreira dos comunicadores não pode nem deve ser ignorada – quem fez (ou faz) isso amargou a dura sensação de ver o seu esforço ir pelo ralo em uma questão de minutos.

Durante a pandemia da covid-19, vários comunicadores tomaram esta situação para enriquecer a sociedade com o seu conteúdo. Eles se adaptaram a essa nova realidade para continuar fazendo o que faziam de melhor. Utilizaram as redes sociais como aliadas, a internet como uma ferramenta propulsora.

Por outro lado, outros encontraram imensa dificuldade para entregar a mesma qualidade de conteúdo. Por que esse segundo grupo teve tanta dificuldade?

Se você pensou na resposta "faltou alicerce", parabéns!

Claro que outras questões também explicam o fenômeno da não--adaptação entre os ambientes presencial e digital. Mas, em uma grande parte dos casos, a falta de base tende a ser o maior problema.

O boom da internet e das redes chegou sem pedir licença, exigindo que todos os comunicadores aprendessem a caminhar entre o analógico e o digital, o presencial e o à distância. A boa notícia é que, aos poucos, os comunicadores vêm encontrando seu espaço, seu eixo e redesenhando seu alicerce.

Foi o que fizemos até aqui, preparando você para que entrasse com a máxima energia na próxima etapa desta jornada.

Daqui em diante, vamos misturar a prática e a técnica para extrair a sua melhor versão – e, a partir disso, aprender a enriquecer com o seu conhecimento.

O que vimos até aqui foi fundamental para explorar o universo de possibilidades que a comunicação memorável nos permite.

Desbravar, se conhecer, e explorar os contextos servirá como base durante todo o restante da caminhada. Até porque, nada nesta vida se constrói sem segurança.

Agora você já sabe qual é o seu estilo como comunicador, tem clareza de quais são os seus dez superpoderes para melhorar sua performance, entendeu os caminhos para garimpar mais conhecimento, aumentando e qualificando seu repertório, percebeu como o networking abre novas oportunidades e conheceu a poderosa regra de ouro: não existe certo e errado.

Usando essa base sólida que formamos, estamos prontos para potencializar tudo isso.

Nos próximos capítulos vamos em busca de meios para aumentar a produtividade e os resultados positivos. Bora lá?

A base que sustenta a carreira dos comunicadores não pode nem deve ser ignorada.

@TATHI_DEANDHELA

PARTE II

Influenciar

9

O poder de estar presente

Uma indústria que há poucos anos nem existia, mas hoje apresenta crescimento exponencial é o marketing de influência.

Há décadas que as agências publicitárias já sabiam o poder da imagem das celebridades para vender um produto. Tanto que artistas e atletas de todo o mundo ganham milhares de dólares todos os anos com publicidade.

A grande questão é que, com o surgimento dos influenciadores digitais, essa estratégia passou para um outro nível. Agora, qualquer pessoa pode, com apenas um post viral, fazer o nome de uma marca explodir — seja para o bem, ou para o mal.

Os números exorbitantes relacionados a essa atividade chamam atenção de todos e hoje são um dos principais fatores que levam as pessoas a investir em comunicação e, principalmente, a promoverem o enriquecimento por meio dela — o nosso objetivo aqui.

Atualmente, a comunicação digital tem se mostrado mais eficaz do que qualquer outra, já que permite maior alcance de público. Segundo o IBGE, em 2019 a internet estava presente em 82,7% das casas brasileiras.[24] Com um mercado deste tamanho, é fácil compreender como grandes influenciadores do Instagram, por exemplo, faturam 500 mil reais por mês em publicidade (a famosa #publi). E a relevância da comunicação digital de influência não para de crescer. A meados de 2021, o Influencer Marketing Hub projetou 13,8 bilhões de dólares como ganho anual para o ramo.[25]

---

[24] USO de internet, televisão e celular no Brasil. **Educa IBGE**. Disponível em: https://educa.ibge. gov.br/jovens/materias-especiais/20787-uso-de-internet-televisao-e-celular-no-brasil. html. Acesso em: 9 jun. 2022.

[25] NOGUEIRA, M. E. Influenciadores digitais faturam até R$500 mil por mês com o Instagram; saiba como você também pode ganhar dinheiro com a rede. **Seu dinheiro**. Disponível em: https:// www.seudinheiro.com/2021/patrocinado/empiricus/influenciadores-digitais-faturam-ate-r-500-mil-por-mes-com-o-instagram-saiba-como-voce-tambem-pode-ganhar-dinheiro-com-a-rede-brdmn012/. Acesso em: 6 jan. 2022.

Inclusive, esse é um dos motivos que levam nossos alunos a mergulharem de cabeça nos módulos de presença digital no Vivendo de Palestras On-line,[26] que revelam estratégias eficazes para criar conteúdo e desenvolver posicionamento em redes sociais, como Instagram, YouTube e LinkedIn e, mais do que isso, transformar todo esse conteúdo em fonte de renda por meio da internet.

Como diz a minha avó, "quando eu cheguei aqui, isso tudo era mato".

No início da minha carreira como palestrante, não existia esse movimento todo das redes sociais. Falando assim, até parece que isso aconteceu há MUITO tempo. Mas não! Estou falando de pouco mais de uma década.

Minha equipe e eu fazíamos divulgação via jornal, rádio, TV, outdoors, porta a porta, telemarketing. A prospecção era ao vivo, principalmente nos eventos presenciais.

Tudo isso só comprova o que eu venho falando desde o começo deste livro: você tem faca e queijo nas mãos com tantos recursos de fácil acesso e boa parte deles são gratuitos!

Antes, precisávamos investir horrores para ter a visibilidade que as redes sociais proporcionam nos dias de hoje. É como se o mundo dissesse em alto e bom som:

"Aproveite, comunicador. Enriqueça! Essa é a sua chance de alcançar qualquer lugar e qualquer espectador do mundo!"

Nos anos 1990, existia um tipo de elite da indústria do conhecimento marcada pelo poder financeiro. Quem tinha mais recursos, aparecia na mídia com maior frequência. O critério não era qualidade ou riqueza de conteúdo.

Com a chegada da internet e a explosão das redes sociais, a pirâmide social-digital mudou.

Felizmente, hoje vemos diversos influenciadores que arrebentam nas redes sociais e se tornam fenômenos investindo pouco ou quase nada!

Antes, o comunicador corria até os investidores a procura de patrocínio para aumentar suas chances de alcançar multidões. Agora, investidores procuram comunicadores com muitos seguidores em busca de parcerias, oferecendo patrocínio e buscando uma chance de ter a sua marca veiculada durante a palestra, o curso, o treinamento ou a live.

---

26 Treinamento on-line ministrado por Tathiane Deândhela com foco em desenvolver profissionais da indústria do conhecimento, como palestrantes, professores, mentores, consultores de negócios, coaches, dentre outros.

Que mundo maravilhoso a tecnologia criou! Você se cadastra em uma das redes, cria seu conteúdo, publica fotos e vídeos, impacta sua audiência, e cria uma grande vitrine para divulgação da sua mensagem.

Carol Cantelli, grande amiga e que se considera "instrategista", afirma "ou você é **ponto com** ou é **ponto fora**".[27] Quem ousa duvidar dessa afirmação hoje em dia? O fato é: quem não está na internet, dificilmente será visto.

Foi de um primo que ouvi que "se não tem no Google, é porque não existe".

Aqui está a sua grande chance de mostrar a que veio e o que pode entregar para as empresas, sociedade, alunos, telespectadores, internautas, fiéis ou seja qual for o público-alvo de sua comunicação enriquecedora.

Há segredos, entretanto, para navegar com sucesso nesse mar de oportunidades. E não são poucos. Engana-se quem acha que basta postar fotos de boa qualidade ou fazer dancinhas virais para conquistar um público engajado.

Você já deve ter escutado por aí algo como "abra uma conta, comece a postar e tenha consistência que crescerá". Mas o cuidado com as suas redes vai muito além disso. Esse trabalho exige critérios. Se fosse fácil assim, todas as pessoas teriam milhares ou milhões de seguidores.

Ai vai uma lição crucial para o seu crescimento nas redes:

O resultado que você ainda não tem é fruto do conhecimento e das estratégias que lhe faltam.

Direcionar o seu foco para compreender os mecanismos daquilo que você ainda não conhece nas redes sociais é estratégico, oportuno e transformador.

Observe que não tem nada a ver com aquele exemplo anterior do garoto que tirava notas boas em Matemática. Naquele momento, estávamos falando de especialidade e conteúdo.

Agora, estamos falando sobre os caminhos que levam a transformar a sua especialidade em uma fonte de riqueza. Quando o assunto é inteligência de mercado, você deve sempre sondar as atualizações e oportunidades. Isso vai lhe dar clareza sobre onde investir para mostrar ao mundo todo o seu potencial.

---

27 LEONARDO, A. "Ou você é ponto com ou você é ponto fora". **Jornal de Beltrão**. Disponível em: https://jornaldebeltrao.com.br/geral/ou-voce-e-ponto-com-ou-voce-e-ponto-fora/. Acesso em: 9 jun. 2022

É por isso que é tão importante continuar estudando e aprendendo, especialmente quando o assunto são redes sociais.

Além de serem um canal superestratégico (elas são o meio que permitirá que seu conteúdo chegue ao seu público), ainda possuem o fator *volatilidade*. As plataformas mudam e crescem diariamente! O que valia para uma rede ontem, pode não valer mais amanhã.

Portanto, sempre existirá algo a ser aprendido. Se você não estiver atento a esta realidade, tenha certeza de que o seu concorrente está.

Olha que coisa boa: eu também vou ajudar você com isso.

Inclusive, vou começar explicando o que **não** fazer nas redes sociais.

Primeiramente, não trate desiguais como iguais.

Calma! Não é problematização! O que eu estou lhe dizendo é: cada pessoa é única. E o seu público é formado de pessoas.

Isso significa que, por mais que seu público tenha interesses em comum (no marketing isso é chamado de segmentação), você ainda assim não pode engessar a sua comunicação! Os seres humanos gostam de variedade e novidade. Fazer sempre mais do mesmo só vai afastar quem você se esforçou tanto para conquistar.

Outro erro muito comum é automatizar as respostas com um formato padronizado. Plataformas como o Instagram, por exemplo, identificam esse tipo de comportamento e automaticamente reduzem a entrega do seu conteúdo. Por consequência, o engajamento vai lá embaixo!

Ah! Já ouviu dizer que a pressa é inimiga da perfeição?

Então... Com isso em mente, lembre-se que comprar seguidores vai destruir completamente a sua conta.

Pense um pouquinho: o objetivo não é ter seguidores, curtidas e comentários. O objetivo é construir uma base de fãs que estão dispostos a se tornarem clientes. Se você **compra** seguidores, está desperdiçando seu dinheiro com robôs que nunca vão lhe dar retorno financeiro.

Nada justifica abrir mão da qualidade ou da sustentabilidade enquanto cresce!

Não basta crescer de qualquer maneira ou a qualquer preço. Até porque, isso nem é um crescimento... É uma inflação!

A melhor opção é crescer conquistando uma pessoa por vez, em um ritmo que pode até acelerar com o tempo, mas acontece de maneira genuína e real.

Falando em crescimento real, vamos falar agora de *ação*.

O que fazer para crescer nas redes e enriquecer com a sua comunicação?

Prepare-se para fortalecer sua autoestima e ampliar a confiança! Em breve, você vai ser capaz de levar mensagens poderosas para centenas, talvez até milhares de pessoas!

Vamos investir em influenciar não somente pela perspectiva de atrair, reter e aumentar o número de seguidores, mas também de rentabilizar.

Lembrando que, mais importante do que apenas ler esta obra, você deve colocar em ação tudo o que está vendo por aqui.

Imagine que você é um atleta de salto ornamental a partir de agora e prepare-se para entrar de cabeça, mergulhar de verdade. Em suas marcas, preparar... Vai!

10
Lucro nas redes sociais

Eu gosto bastante de usar *emojis* nas redes sociais. Eles têm o poder de comunicar muito com tão pouco. Mais ou menos como aquela frase "uma imagem vale mais que mil palavras". Por causa deste meu hábito, uma aluna me perguntou por que eu sempre uso o foguete nas legendas dos meus posts, no WhatsApp e até no e-mail.

Foguete não tem ré. Além disso, voa alto, em alta velocidade, com um destino certo.

Se você deu início a leitura deste capítulo esperando descobrir como ganhar dinheiro rápido, cuidado. O nosso foco está em criar um negócio sustentável a médio e longo prazo! Por isso, é necessário trabalhar disciplina, paciência e visão de futuro.

Tudo o que você vai ver neste capítulo foi levantado por pesquisas e experiências realizadas no Instituto Deândhela®. Eu mesma, junto com a minha equipe, testei essas estratégias.

Aqui você vai receber um roteiro detalhado de como agir. A minha recomendação é que você comece aplicando exatamente esse passo a passo. Depois, com base nos seus resultados iniciais, faça seus próprios testes. Entenda o que funciona para a sua realidade, para o seu público, e para você.

Desenvolva sua mentalidade de abundância e disposição para aprender, assim você vai alcançar resultados cada vez mais fantásticos.

CHAMADA PARA A AÇÃO

Um dia, desabafei com o meu time. Percebi que, enquanto uma parte de meus projetos seguia de maneira leve e fluida, às vezes a outra parte se mostrava mais difícil. Aquilo era estranho e demorou um pouco para entender o que estava acontecendo. Vinha investindo muito em mim e pouco no time. Então prometi a eles:

"Daqui em diante, as coisas vão mudar! Vou investir em cursos para vocês, matriculá-los nos mais disputados eventos de negócios do mercado. Quero que vocês sejam melhores do que eu. Quero que apareçam com estratégias poderosas para que a nossa empresa cresça ainda mais."

O investimento no time foi um sucesso. A equipe, que já atuava em alta performance, melhorou ainda mais: eles passaram a trazer ideias inovadoras, começaram a seguir as novidades do mercado em primeira mão, abriram novas janelas de oportunidades que, sozinha, eu não conseguiria abrir.

Este é o princípio da reciprocidade em ação: quanto mais você faz pelo outro, maior é o desejo dele de retribuir.

Dei esse exemplo para mostrar como é maravilhoso envolver seu público em um propósito. Esse é um conceito muito comum no marketing digital: o *call to action* (CTA), também conhecido como chamada para a ação (CPA).

Quando você entregar conteúdo, seja uma live, palestra, vídeo ou o que for, faça um convite para que o espectador participe desse processo. Peça curtidas, compartilhamentos e comentários. Pergunte a opinião de quem está assistindo sobre o tema. Comece uma conversa. Mostre interesse genuíno no que eles têm a dizer.

Eu entendo. Parece bobo repetir toda vez: "clica no joinha", "se inscreve no canal", "ativa o sininho de notificações". No começo eu também sentia esse desconforto.

A questão é: todos os grandes influencers fazem isso porque sabem que dá bons resultados.

Além disso, tem outro motivo para inserir uma CTA nos seus conteúdos: você está oferecendo conhecimento gratuito. Não é justo que as pessoas possam demonstrar gratidão de alguma forma? Querendo ou não, essa interação acaba criando um novo formato de relacionamento entre o criador, você, e a audiência, quem o segue.

A AUTOLIDERANÇA PARA INVESTIR EM SI

O filme *Apollo 13*[28] me marcou bastante. A expedição, chamada de um fracasso bem-sucedido, eternizou a frase do comandante: "eu nunca perdi nenhum homem no espaço e não será desta vez que vou perder".

Das telas de cinema para a vida real, veja quanto aprendizado podemos retirar dessa fala.

Você pode pensar, por exemplo, *eu nunca fui derrotado por falta de confiança, eu nunca perdi uma grande oportunidade, eu nunca deixei de tentar por medo de errar, eu nunca vou deixar de investir em mim* ou *eu nunca vou acreditar em quem acha impossível prosperar.*

Me perdoe pelos spoilers, mas preciso contextualizar para você entender onde quero chegar com isso.

Em um momento crítico do filme, o foguete passava por um severo vazamento de oxigênio. A tripulação corria um grande risco e a tensão era grande. Havia poucos recursos que poderiam ser utilizados e eles precisavam agir rápido.

A solução? Alguém teve a brilhante ideia de colocar um objeto quadrado dentro de um redondo. Por mais esquisito que isso pareça, era exatamente o que eles precisavam! Essa ação conteve o vazamento. O grande detalhe é: sem uma boa comunicação entre os astronautas e o pessoal que os acompanhavam aqui da Terra, a operação teria terminado em um grande desastre.

Sempre que me vejo em uma situação desafiadora, me recordo desse filme. Para mim, essa cena representa um valor indispensável:

O fracasso está fora de cogitação.

Quero transformar o potencial de cada aluno — e você, leitor, está incluso nisso — em uma verdadeira potência.

Por isso, adoto uma postura que recomendo a todos: invista em você. Sem desculpas. Sem enrolação.

Para ter uma ideia, em 2020 investi um quarto de milhão só para fazer parte de um seleto grupo de estudos frequentado por pessoas que faturavam múltiplos milhões por mês. Isso sem contar os investimentos dos demais anos que, juntos, somam mais de 1 milhão.

---

28 APOLLO 13: do desastre ao triunfo. Direção: Ron Howard. Estados Unidos: Universal Pictures, 1995. Vídeo (140 min).

Você vai perceber, à medida que os seus resultados forem crescendo, que será preciso investir cada vez mais para chegar a resultados ainda maiores.

Vai chegar um momento em que não sobrarão mais alternativas baratas ou gratuitas. E isso é ótimo! Porque isso vai significar que você evoluiu tanto que será necessário dar um passo além.

Mas não se preocupe. Tudo tem o momento certo para acontecer.

Por enquanto, foque em adaptar essa informação à sua realidade de **agora**. Invista aquilo que puder nas melhores opções a que tiver acesso. Leia novamente: no que puder e tiver acesso. Recomendo que pesquise bastante antes de tomar essa decisão. Assim, você vai ter certeza de que vai colocar o seu dinheiro no que realmente valerá a pena.

Ah! Tem um detalhe muito importante! Aprenda sobre autoliderança e desenvolva sua educação financeira.

Isso vai permitir que você fuja da armadilha e dos atalhos do tipo "basta ver alguns vídeos grátis na internet".

"Tathi, é impossível procurar soluções gratuitas para ganhar dinheiro na internet?", certa vez um aluno me perguntou.

"A montadora de veículos imprime um valor alto para garantir a segurança do veículo que você dirige. Você conhece alguma montadora que forneça o sistema de freios e suspensão do carro gratuitamente, sem cobrar nada pelo know-how adquirido por décadas ou séculos de produção, estudos e pesquisas?"

Com a indústria do conhecimento, a métrica é bem parecida. Assim, estamos prontos para quebrar um mito.

A RELAÇÃO ENTRE QUANTIDADE E QUALIDADE

Ter um grande número de seguidores não significa, necessariamente, que você vai vender muito. Conheço pessoas que venderam milhões pela internet e só possuíam na época 10 mil seguidores. Assim como já conheci pessoas com milhões de seguidores faturando "apenas" 10 mil.

Será que se trata de um paradoxo, um fenômeno inexplicável, ou existem porquês ocultos?

O ser humano é um habilidoso criador de justificativas. Inclusive, o medo pode ser um dos mais perigosos conselheiros: medo de ousar, de desbravar, de participar de um mercado difícil, de não conseguir, de ser execrado ou de perder o que conquistou.

Não existe "não conseguir". O que existe mesmo é desistir antes de ao menos tentar.

Veja o meu caso. Só cheguei onde estou e conquistei tanto resultado porque insisti até conseguir.

O sucesso caiu do céu? Nunca.

Quando estruturei o Instituto Deândhela®, já tinha sido dona de uma faculdade em Fortaleza. Antes disso, lutei muito para conquistar meu espaço na empresa onde trabalhava. Contei um pouquinho dessa história no começo deste livro.

Você sabe que batalhei com unhas e dentes chegar até aqui.

Ao abrir as portas do Instituto, tínhamos um valor de sete dígitos para trabalhar. Aquele investimento inicial foi fruto da venda da minha parte na faculdade em Fortaleza.

Por um lado, esse valor foi uma mão na roda e permitiu testar várias coisas. Por outro, inconscientemente, a reserva financeira me deixava um pouco imprudente. Acabei fazendo escolhas equivocadas e perdi bastante dinheiro.

Uma dessas escolhas foi ter contratado uma agência para me lançar no digital. Foram mais de 50 mil reais jogados no lixo! Eles se propuseram a realizar um megaprojeto que, na verdade, nunca saiu do papel. No meio do caminho, os sócios se separaram e eu tive de digerir o prejuízo.

Ei! Cuidado, viu? Eu não estou dizendo que todas as agências são incompetentes e que é um erro trabalhar com elas.

O meu erro, na época, foi ter deixado **tudo** na mão deles, não acompanhar o processo e simplesmente esperar que os resultados fossem aparecer em um passe de mágica. Depois dessa experiência, passei a me dedicar muito mais a essas questões.

Ao decidir entrar no digital, tive noção da diferença entre o off e o on-line. Fiz de tudo: testei, produzi conteúdo e não avançava. Um dia, conversando com um amigo que já fazia vendas com consistência pela internet, levei este belo tapa na cara:

"Tathi, eu descobri o que está rolando com você. Ainda não doeu o suficiente. Quando doer de maneira insuportável, você vai dar a volta por cima e fazer o que é preciso!"

Fiquei irada. Ele não sabia que quase passei fome, fiz escolhas difíceis e complexas, sofri, ralei, tive de mexer nas minhas economias e no fim... No fim, ele estava certo! Doeu quando escutei as palavras dele, porém ele só estava colocando a verdade diante dos meus olhos.

Passado um tempo, eu e minha mãe precisamos vender nossos carros para injetarmos dinheiro em nossa pessoa jurídica. O caos se instaurou. Precisei de empréstimo para pagar os salários. E você sabe como os juros podem ser cruéis... Acabei perdendo quase tudo.

Minha mãe ficou muito preocupada – e com razão.

"Filha, não teria sido melhor investir aquele milhão que você tinha para viver de renda?", ela me questionava.

Apesar daquela situação toda, nunca duvidei da virada do jogo. Precisei de toda a confiança que tinha em mim mesma para conseguir responder:

"Mãe, o fracasso está fora de cogitação. Eu perdi 1 milhão que acumulei do zero e posso fazer de novo ainda melhor. Agora sei o que errei e como posso fazer diferente."

Naquele instante, eu não tinha a menor dúvida de que eu iria conseguir. Foi o momento do "ou vai ou racha".

Depois daquele dia, tive um recomeço. Entrei para a internet com "os dois pés no peito": apliquei todo o conhecimento acumulado dos cursos no Brasil e no exterior, com a vivência de quem já tinha batido muito a cabeça e agora precisava crescer. Em sete dias, fiz seis dígitos (mais de 100 mil). Fui crescendo, crescendo e, pouco tempo depois, fiz sete dígitos de faturamento (o primeiro milhão).

A diferença não foi o número de seguidores. Comparado a várias outras celebridades da internet, o meu número de seguidores era muito menor.

Por outro lado, trazia um aprendizado, uma lição internalizada em meu coração de empreendedora: eu sabia o que faria a diferença na vida das pessoas. E usaria da minha comunicação para entregar isso a elas.

PRODUÇÃO DE MUITO CONTEÚDO É GARANTIA DE SUCESSO NA INTERNET?

Não se trata de quantidade, e sim de qualidade. Você pode rechear seu canal de aulas maçantes, com horas e horas de um conteúdo... E simplesmente não envolver, engajar, nem conquistar público algum.

A fórmula consiste em gerar conteúdo dotado de qualidade e estratégia. Ter conteúdo é o mínimo! Mas há alguns diferenciais que devem fazer parte da sua comunicação enriquecedora.

O pulo do gato é inserir elementos estratégicos no epicentro daquilo que você ensina.

Vamos aos elementos!

A essa altura, você deve ter percebido que, entre as estratégias, técnicas e táticas de negócios que você tem visto aqui, sempre abro um parêntese para contar uma parte da minha própria história, dos meus alunos, e até mesmo de pessoas famosas. Abro o coração e o convido a conhecer o que vivenciei até aqui. Nada disso é puramente para encher mais páginas por aqui. Trata-se, na verdade, de uma técnica chamada **storytelling**, ou, em tradução literal, contação de histórias.

Essas histórias têm dois objetivos principais dentro da sua comunicação:

1. **Ilustrar e exemplificar a teoria.** Ou seja, facilitar a interpretação do conteúdo! Pensa o quanto seria chato ler um conteúdo técnico, bruto, sem nenhuma analogia para ajudar a digerir toda essa informação.

2. **Gerar conexão por meio das emoções e da empatia.** Ao contar a sua história, você expõe as suas vulnerabilidades – e isso é uma excelente forma de "quebrar o gelo". Assim, aqueles que passaram por situações parecidas com a sua se reconhecem imediatamente. E mesmo aqueles que nunca tiveram uma experiência como a sua conseguem, pelo menos, compreender os sentimentos que você evoca – como alegria, dor, raiva, tristeza, rancor, paixão, alívio etc. –, porque estes são universais!

Outro elemento essencial é **copywriting**, isto é, a escrita persuasiva.

Dentro da *copy,* é possível aprofundar o impacto das ideias e gerar vendas a partir delas. Ao longo deste livro, além das histórias, você também viu uma série de argumentos que ajudaram a informação a assentar na sua mente. Analisamos *cases,* estudos, provas... Isso sem mencionar o fator emocional.

Nos últimos anos, se tornou comum ligar o conceito de *copy* aos gatilhos mentais de Robert Cialdini, que ficaram conhecidos no mundo dos negócios como "armas da persuasão".[29]

Apesar de serem ferramentas extraordinárias, é preciso tomar cuidado para não cair no vício de acreditar que uma *copy* se faz **apenas** com gatilhos mentais.

Copywriting é a arte de entender tão bem o seu leitor que o seu texto dá a ele o que ele necessita, embalado de uma maneira que ele deseja. É mais ou menos como se fosse uma salada sabor pizza: possui todos os nutrientes necessários para alimentar bem o seu cliente, ao mesmo tempo que oferece um sabor incomparável.

Um terceiro elemento da comunicação enriquecedora é a **geração de autoridade**.

Quando você sente dor, a quem você recorre? Muito provavelmente, a um médico. Se você precisa construir um prédio, irá requisitar os serviços de engenheiros e arquitetos. Se tiver um problema jurídico, certamente vai chamar seu advogado.

Percebeu o padrão?

A autoridade é a figura que **todos reconhecem** como sendo uma grande especialista em um determinado assunto. Por isso, tem credenciais para defender uma ideia, um pensamento, uma convicção. Leia esse trecho novamente, porque isso é muito importante.

Ser uma autoridade não depende exclusivamente de "querer ser". **É preciso que os outros enxerguem você desta maneira.**

Na comunidade do meu treinamento Vivendo de Palestras, uma aluna fez uma pergunta interessante:

"Eu ainda não sou uma autoridade. Como vou conseguir usar esse recurso?"

Existem duas formas básicas de construir sua autoridade.

A primeira delas é por meio dos estudos e/ou da experiência profissional. Isso é tão intuitivo que todos os exemplos ali em cima foram criados exatamente dentro dessa premissa. Quanto mais tempo de estudo e de atuação no campo prático, maior a autoridade. Basta seguir o princípio lógico: antes de ser juiz, foi necessário passar no concurso. Para

---

29 CIALDINI, R. B. **As armas da persuasão**: como influenciar e não se deixar influenciar. Rio de Janeiro: Sextante, 2012.

passar no concurso, foi necessário ter cursado Direito e exercido a profissão. Antes ainda, foi preciso outras etapas. E assim sucessivamente.

A segunda maneira de adquirir autoridade é por meio do empréstimo.

Eu, por exemplo, além de ter estudado por mais de uma década o tema de produtividade, ainda por cima fiz cursos nas Universidades Harvard, de Atlanta, de Ohio e no MIT. Só de mencionar essas instituições, automaticamente o meu "nível de autoridade" sobe.

Quando um chefe ou um cliente o elogia, você está tomando essa autoridade emprestada. Quando é convidado para entrevistas em rádios, jornais, revistas e até em grandes podcasts, seu nível de autoridade também sobe porque esses meios estão emprestando autoridade a você.

Por fim, o quarto elemento da comunicação enriquecedora é **a gestão e o respeito em relação ao seu tempo.**

Você acredita que tempo é dinheiro? Pois bem... Tempo tem um valor infinitamente mais alto que qualquer quantia que possa existir no mundo.

Tempo é vida. São momentos que você poderia estar com a sua família, seus amigos, cuidando da sua saúde, do seu lazer.

Quando você se permite perder tempo, são horas da sua vida que nunca mais poderão ser recuperadas.

Isso significa que a sua comunicação deve sempre levar em consideração estes três fatores para que você poupe tempo:

1. **Interlocutor.** Também conhecido como aquele com **quem** você está se comunicando. Adianta reclamar que a internet está lenta com o pessoal da companhia de água? Não! Então, para aproveitar seu tempo ao máximo, tenha sempre em mente quem são as pessoas que precisam ouvir o que você tem a dizer naquele momento. E, não. A resposta **nunca** é "todo mundo".

2. **Objetividade.** Cuidado para não ficar dando círculos em torno de um mesmo assunto. Pense sempre nas formas de ir direto ao ponto.

3. **Clareza nas informações.** Ou seja, mesmo sendo objetivo, certifique-se de que a sua mensagem possui tudo o que precisa para ser passada de um jeito fácil de ser compreendido e de maneira que não possa ser interpretada erroneamente!

Resumindo:

Não desrespeite o seu tempo, pois a escassez dele compromenterá até mesmo o sucesso bem-planejado.

ESPERAR ATÉ SENTIR-SE PRONTO

Apaixonada por conhecimento, confesso que em um só ano cheguei a realizar 36 cursos presenciais. Ainda que realizasse outros 36 no mesmo ano, teria um bocado mais a aprender, porque o conhecimento é tão finito quanto o Universo.

A possibilidade de expansão do conhecimento é tão gigantesca que a famosa frase "só sei que nada sei" acaba se tornando verdadeira.

Não canso de dizer aos meus alunos que enriqueçam seu repertório e aprendam o máximo de conteúdos variados, especialmente no aprofundamento dos temas em que são autoridades.

Eu, por exemplo, me aprofundei nos temas de gestão do tempo e comunicação para pessoas formadoras de opinião. No meu contexto, os dois temas estão diretamente conectados e, por isso, são duas faces da mesma moeda que representa o meu tema central, a produtividade.

Faço questão de exemplificar com conhecimento de causa, sempre trazendo para você situações da vida real sobre as quais estudei e pratiquei. Faço assim porque meu objetivo vai além das teorias. O meu desejo é que este livro seja o seu guia, a sua leitura de cabeceira, para prosperar e se comunicar de maneira enriquecedora, razão pela qual não vejo problemas em dividir um pouco das situações do Instituto Deândhela®.

Ninguém ganha dinheiro por saber tudo, e sim por dominar um tema que muitos não conhecem.

Se você durante a leitura deste capítulo por acaso pensou em determinado comunicador que fala de vários assuntos — e que muito provavelmente tem em seu site uma longa lista de temas de aulas, palestras, cursos etc. —, pode ter certeza de que os assuntos por ele defendidos se somam e se relacionam.

Imagino que a sua mente esteja fervilhando por aí com tanta informação. Recomendo que tome uma água ou um café, se ajeite em uma posição confortável e prepare-se, porque agora vamos relacionar dois temas que vão mudar o seu futuro: fluxo e abundância.

Desenvolva sua mentalidade de abundância e disposição para aprender, assim você vai alcançar resultados cada vez mais fantásticos.

@TATHI_DEANDHELA

11

Não tem segredo

Há muitos comunicadores tentando ser palestrantes de tudo ao mesmo tempo: vendas, liderança, empreendedorismo, motivação, negociação, atendimento, produtividade, gestão etc. E eu não fui exceção.

Hoje tenho foco, especialização e sei que a produtividade é o meu tema. Mas, lá atrás, quando comecei, segui esse mesmo caminho confuso, porque pensava: *já que estudo todos esses temas, posso falar de qualquer um deles.*

Algum tempo – e uma falência – depois, entendi que a especialização é o segredo dos grandes comunicadores que enriquecem. Essa percepção me possibilitou transformar uma fraqueza em fortaleza. A mesma produtividade que hoje me trouxe abundância, no passado foi o meu calcanhar de Aquiles. O mesmo com a timidez: um dia me atrapalhou, mas hoje faz parte do meu *storytelling* ao palestrar para milhares de pessoas.

Caiu do céu essa transformação? Claro que não! Você já sabe que estudei e sigo estudando todos os dias.

E tem um outro segredo: além de me dedicar aos cursos e livros, eu também abri mão do pensamento de escassez. Até hoje, policio-me para que os pensamentos de abundância vençam essa tendência à escassez.

É um diálogo interno diário, e imagino que você também passe por isso. Então, anote aí:

Nada é mais transformador ou limitante do que aquilo que você pensa e comunica para si mesmo.

No passado, quando eu via o concorrente postando fotos de um evento na empresa que eu sonhava ter como cliente, pensava: *caramba, meu time de vendas não pode prospectar essa empresa porque já tem um concorrente trabalhando lá.* Via o concorrente fazendo lives de sucesso com um tema sobre o qual eu pretendia falar e já desistia: *não posso mais produzir conteúdo sobre isso ou vão dizer que o estou copiando.*

Com o tempo e a experiência, percebi que não é bem por aí. Em uma única empresa, podem trabalhar diversos palestrantes. Se a live do concorrente fez sucesso, isso pode ser um sinal de que também posso me posicionar a respeito do tema.

Basta que eu tenha cuidado com a minha **singularidade** e respeite as minhas **estratégias**! (Lembra-se do Método PSE?)

Marcas consagradas instalam suas lojas em frente ao concorrente. Sabe qual é o motivo?

É o ponto escolhido. Se o concorrente foi para aquele bairro ou shopping e deu certo, ali tem público. É ali que a loja rival deve se instalar para incomodar o adversário, beliscar o seu *share* e acomodar seus clientes. A internet funciona de maneira parecida, só que a visão dos comunicadores que enriquecem on-line é mais atenta a outros fatores: horário de audiência, interesse das diferentes faixas etárias, escolha da rede social certa para determinado público, dia e hora, conteúdo etc.

O que não muda e jamais há de mudar é a referência concedida pelo outro.

Não estou ensinando você a plagiar. Muito pelo contrário!

A recomendação é que se junte ao debate, estude e se especialize no tema para ter uma opinião de peso, de autoridade. **Não corra do concorrente**, nem evite se comunicar usando temas semelhantes aos dele. Cuidado com o medo! Não se feche em uma bolha de conteúdo original, porque o desejo do consumidor moderno é ter mais de uma visão sobre o mesmo assunto.

Por que o cliente de hoje age assim? A maioria do que existe como básico já foi inventado. Daqui em diante, a sociedade deseja aprender a usar melhor o que já existe.

Não é preciso inventar um novo formato de comunicação, mas é possível inserir elementos para uma comunicação enriquecedora e diferente da que já existia.

A minha sugestão é que você aprenda a construir sua singularidade diante do que já existe, entendendo o princípio por trás do tema, porque este é atemporal, universal e imutável. Ou seja: entender, participar e praticar o princípio por trás do assunto, sem deixar de ser você ao comunicar para o mundo o objeto de seus estudos. Esse é um dos maiores segredos dos comunicadores que enriquecem.

Repare como é interessante olhar de outra maneira para temas sensíveis como "concorrência"!

Eu adoro viajar para os Estados Unidos. E uma das partes mais desanimadoras sempre é a ideia de ter que passar quinze horas dentro de um voo. Por mais confortável que seja o avião, não é das mais agradáveis missões, convenhamos. Em uma das viagens que fiz para lá, decidi assistir a um filme. Fiquei tão hipnotizada que o assisti três vezes e ainda peguei caneta e papel para anotar insights da experiência. O filme era *Fome de poder*,[30] que revela a história da mais famosa rede de fast food do mundo, o McDonald's.

Dentre tantas, a cena que mais me chamou atenção foi aquela em que os dois irmãos passam a desenhar o processo deles, investindo um dia inteiro com a equipe só para definir as estratégias de seu negócio. O filme me fez entender, naquela época, porque às vezes os processos do Instituto não davam certo.

Eu fazia a gestão desejando que as pessoas pensassem por mim e trouxessem os processos prontos.

Esse foi outro ponto de virada para os números bem-sucedidos de nosso negócio e recomendo: invista um tempo para definir suas estratégias e as faça em conjunto com o seu time. Se você está dotado das estratégias certas, mesmo que alguma etapa da execução derrape, o resultado será enriquecedor.

A seguir, apresento-lhe um fluxograma para que tenha a chance de criar uma campanha exitosa de vendas pela internet em uma curta janela de tempo.

---

30 FOME de Poder. Direção: John Lee Hancock. Estados Unidos: Weinstein Company, 2017. Vídeo (115 min).

LIVE + METEÓRICO

15 dias antes da 1ª live

- Chamadas orgânicas (WhatsApp, feed, stories, reels etc.)
- Tráfego pago (se possível)

Quantas lives fazer?
Não há um número mágico.
A fórmula é: Levantar as dores + Apresentar as consequências + Como você oferece uma transformação palpável = Conteúdo da Live

CHAMADA PARA LIVES

SEQUÊNCIA DE LIVES

CONVITE PARA ENTRAR NOS GRUPOS

ANTECIPAÇÃO VIA OUTRAS LISTAS

ATENÇÃO
O convite pode ser feito para a forma como você consegue alimentar a lista depois:
Captura de e-mail, Grupo de WhatsApp, Lista de transmissão, Canal no Telegram...

CUIDADO!
Você também pode fazer somente posts nas suas redes sociais...
Mas tenha em mente que, assim é mais difícil garantir a presença nas lives.

ANTECIPAÇÃO VIA OUTRAS LISTAS

Canais para convidar o público pro meteórico:.
E-MAIL
LIVES
LISTAS DE TRANSMISSÃO
GRUPO NO TELEGRAM
LINK NA BIO
POST E STORIES

Criou grupos para chamar para a live?

Então aproveite para divulgar o Meteórico por eles.

ATENÇÃO!
A estratégia é CONVIDAR essas pessoas dos grupos de divulgação das lives para entrar nos novos grupos da oferta.

Lembre-se de deixar claro que haverá venda neste novo grupo.

Já tem listas de contatos?

Estão aproveite e faça um convite para essas pessoas participarem do grupo com a oferta.

A SOLUÇÃO

Você já possui um maravilhoso formato de comunicação enriquecedora que pode ser transmitido por meio de aulas, lives, palestras, workshops, curso etc.

Qual é o fator determinante para saber se o material está pronto e amadurecido?

A convicção de que o conteúdo vai gerar uma transformação na vida das pessoas, sem qualquer mínima margem para dúvidas. Por exemplo, eu tenho certeza (e o número de exemplares vendidos endossa a convicção) de que o meu livro *Faça o tempo trabalhar para você*[31] é uma espécie de bíblia da produtividade, capaz de gerar verdadeira transformação na vida do leitor dedicado e decidido.

No passado remoto, naqueles tempos de dificuldade que comentei, criei um curso de produtividade que não vendia como esperávamos.

Sabe por que estava difícil? A produtividade em si não é um produto, e sim uma ideia subjetiva, utópica e interpretativa. Só quando usei a comunicação enriquecedora e transformei a produtividade na chave para a liberdade que consegui os resultados que alavancaram minha carreira e trouxeram abundância para a empresa.

Comecei a mapear que tipo de transformação o meu evento geraria na vida das pessoas e descobri algo que revelei na metodologia desse primeiro livro: desenvolvi um método prático para entregar uma solução mensurável que liberava quatro horas diárias da agenda de cada pessoa, independentemente da posição ocupada na carreira.

Em seguida, publiquei o livro *Faça o tempo enriquecer você*,[32] porque percebi que várias pessoas conseguiam seguir os passos que geravam o tempo livre na agenda, mas não sabiam o que fazer com essas quatro horas livres. Isso levou a uma nova solução transformacional: converter o tempo livre em produtividade, em geração de abundância, em dinheiro, em sucesso.

Dotei-me da certeza, nesse caso, de que as pessoas são capazes de trabalhar menos e multiplicar seus ganhos financeiros a partir da assertividade, da organização, da gestão do próprio tempo e dos demais passos que ensino em ambas as obras.

São soluções e métodos práticos que conseguimos desenvolver a partir de estudo e observação e que, de fato, promovem a transformação para o público. E, se nós conseguimos no Instituto Deândhela®, você também conseguirá!

---

31 DEÂNDHELA, T. **Faça o tempo trabalhar para você**: e alcance resultados extraordinários. São Paulo: Literare Books, 2020.

32 DEÂNDHELA, T. **Faça o tempo enriquecer você**: descubra como a inteligência produtiva é capaz de fazer você ganhar mais dinheiro em menos tempo. São Paulo: Editora Gente, 2020.

UMA SÉRIE: SETE DIAS DE LIVES

O ideal é estabelecer um cronograma, determinando dias, horários e temas. Para isso, você pode até realizar uma enquete e perguntar diretamente ao seu público suas preferências.

Adote cuidados para não cair na "armadilha criativa".

A estratégia mais enriquecedora sob o ponto de vista da comunicação não se resume a construir um tema inédito, mas entender de que maneira você pode contribuir na solução de um problema, de uma dor do cliente.

Por exemplo, se o seu tema é a motivação, escutar o que o seu público necessita nessa área é a parte mais estratégica da criação de um produto novo, ou mesmo de um argumento de vendas.

Outro ponto relevante é que não enrole a audiência com o famoso "encher linguiça".

Os grandes profissionais da comunicação digital sabem que palavra de ordem é compromisso.

Prometeu sete dias de conteúdo? Entregue e não enrole, não dê nomes novos para soluções velhas, nem roupa nova para dúvidas antigas. E lembre-se: não é sobre trazer tudo. Entregue o que possa ser testado e aprovado. Traga soluções, histórias, analogias, pesquisas e sempre confira a evolução de sua turma.

E aqui entra um truque importante. Quando uma pessoa frequenta a academia duas vezes por semana e começa a perceber resultados no corpo, muitas vezes ela automaticamente deseja aumentar a frequência para pelo menos quatro vezes por semana.

Então, no sétimo dia de lives, quando o seu aluno perceber que o seu método tem resultado, estará interessado em continuar. Aproveite essa oportunidade e venda o aprofundamento do seu conteúdo, pois é da natureza humana a) desejar mais resultados do que os já conquistados; b) desejar a máxima proximidade do mentor que foi agente dos resultados recém-conquistados.

Resultado positivo gera entusiasmo, que gera novas vitórias, que gera o desejo de mais e, por fim, gera novas compras.

DIVULGAÇÃO

Podemos nos utilizar de dois formatos: o orgânico e o patrocinado.

No primeiro, aproveitamos o movimento dos clientes, amigos, familiares, parceiros e todos os que conhecemos com algum potencial de visualização e compartilhamento do que estamos oferecendo.

Tenha consciência de que o crescimento orgânico será um trabalho braçal e bruto. Significa usar o *direct* do Instagram, o chat do WhatsApp, o Messenger do Facebook, o chat do Telegram, o Twitter, o TikTok e até sinal de fumaça para convidar as pessoas que julga necessário comparecerem às aulas ou lives que vai ministrar.

No segundo formato, escolhemos as diretrizes do anúncio e pagamos por ele, usando critérios como faixa-etária, região etc. Em geral, o impulsionamento de publicações facilita a entrega, pois há mais distribuição para aqueles que nunca tiveram nenhum tipo de contato com você.

Em todo caso, CUIDADO!

Não atire para todos os lados e todas as redes antes de conhecê-las. Estude cada uma delas, avalie tendências, verifique o dia a dia daqueles que utilizam essas e outras redes sociais. O seu estudo mostrará qual delas combina mais com você e com o seu tema. Isso vai lhe dar um norte para que atue com mais foco enquanto estuda as demais plataformas.

Outro segredo é mobilizar as pessoas. Uma semana antes de realizar os sete dias de lives, dê início a ações de contagem regressiva e avisos. Gigantes da comunicação utilizam essas estratégias de antecipação: Copa do Mundo e Olimpíadas, por exemplo, passam pelo marketing de "faltam 100 dias para...". Algumas organizações ligam até o cronômetro regressivo para aumentar a animação dos expectadores!

É preciso também envolver a audiência. Então, faça CTAs para que marquem amigos, compartilhem, repostem, comentem e curtam os conteúdos. Não se trata apenas de pedir, e sim de mostrar o valor por trás das ações desses divulgadores. Toda essa organização levará ao momento mais esperado: a venda.

VENDAS

Você entregou o conteúdo, provavelmente se divertiu, porque é o que acontece quando fazemos o que amamos, e finalmente chegou o último dia – o momento de vender!

Quando comecei a atuar no cenário digital, precisei pedir ajuda ao meu time para que traduzissem todas as expressões e "girias digitais" que circulam em cada rede social. Se você também não tiver um perfil tão ativo assim, provavelmente vai passar por isso.

Fique tranquilo! Com o tempo, tudo se ajeita e se esclarece – desde que a consistência esteja presente em seu cotidiano de comunicador que enriquece.

Consistência é fazer o necessário – mesmo que não queira, que doa, que seja chato. Uma vez consistentes, os comunicadores são imbatíveis, pois passam a dominar a arte de vender.

Você nunca será extraordinário antes de ser consistente.

Lembre-se de que a venda começa antes da venda em si. Mais importante do que um pitch de vendas no último dia de live, é a preparação do conteúdo e do público que o absorverá. Ao abrir o carrinho de compra, o cliente deve saber o que o espera e estar pronto para adquirir a solução.

Por último, não tenha preconceito quanto a venda.

Todos podem assistir suas lives gratuitas por curiosidade! Porém os anúncios direcionam o conteúdo exatamente para o público-alvo que apresenta determinada dor e está disposto a investir em seu produto para alcançar a solução.

O MANIFESTO DOS COMUNICADORES QUE ENRIQUECEM

Enquanto criava uma jornada para comunicadores, escrevi um manifesto para aqueles que desejam enriquecer e contribuir para que a sociedade enriqueça como um todo.

Claro que estou falando também de dinheiro, mas me refiro a uma visão abundante, a uma mente flexível e a um comportamento de eterno aprendiz, pois os que são capazes de aprender todos os dias enriquecerão e serão criticados pelos que se recusam a aprender mais.

São muitos os que criticam ou massacram o trabalho alheio feito com amor. Mas são poucos os que criaram algo incrível.

A verdade é que essas pessoas estão tão ocupadas em criticar, que não têm tempo para fazer nada que seja de fato construtivo.

De que lado você quer estar? Dos que criticam muito e não fazem nada? Ou do lado dos comunicadores memoráveis que inspiram e enriquecem ao compartilhar seu conhecimento e história?

MANIFESTO DO EXÉRCITO DE COMUNICADORES QUE ENRIQUECEM

Este chamado é para os que podem ser vistos como obcecados, mas que em verdade são sonhadores, ambiciosos e produtivos.

É um chamado para os que travam a diária batalha contra a mediocridade, para os que não se contentam com menos do que nasceram para viver e desenvolver.

É um chamado para os que não se preocupam em agradar de maneira rasa, porque o seu foco é gerar transformações.

É um chamado aos que estão prontos para serem julgados, citados, criticados, glorificados ou amados, mas que não aceitam passar por esta vida ignorados.

É um chamado aos que impactam o mundo de maneira surpreendente e, por isso, são objetos constantes da crítica, porque sua porção de genialidade incomoda.

É um chamado para os incansáveis e imbatíveis, aqueles atrevidos o suficiente para mudarem positivamente a si e a todos à sua volta, fornecendo ferramentas para que o seu semelhante também tenha a enriquecedora chance de se transformar.

É, enfim, um chamado para as pessoas que acham que podem mudar o mundo a sua volta, porque, sim, nós acreditamos que sejam mesmo capazes de fazê-lo a partir da comunicação enriquecedora que levam consigo desde o momento em que acordam até o apagar das luzes, todos os dias.

Se você se identifica com esse manifesto, se ele toca o seu coração e reflete seu estilo de vida, você está no caminho certo. Continue comigo, seguindo o mapa da comunicação e do enriquecimento!

12

Como criar um produto do zero

Com todas as ferramentas fornecidas até aqui em mãos, vamos agora detalhá-las para que você possa criar um produto e deixá-lo pronto para alcançar o público almejado. A começar pelo fluxograma. Você já deve ter escutado por aí uma inquestionável verdade: o sucesso mora nos detalhes.

Brifar, ou seja, detalhar o máximo possível a descrição do conteúdo é o passo mais importante das etapas de criação.

Lembra quando, alguns capítulos atrás, conversamos sobre formar uma base sólida para ter uma boa fundação para construir sua autoridade? Então, essa base está no briefing.

Essa etapa consiste em uma preparação detalhada das informações mais relevantes para a produção do conteúdo e responde perguntas tais como:

- Para quem é este material?
- Qual o objetivo deste conteúdo?
- Quando será feito? Quais os prazos de entrega?
- Por onde este conteúdo será divulgado?

Veja um exemplo. Um personal trainer famoso lança seu produto digital e, ao divulgá-lo, apresenta os seguintes temas:

- A importância de treinar todos os dias;
- A resiliência para vencer a preguiça;
- Os hábitos alimentares necessários para aquele objetivo.

Concorda que a maneira como o personal estabeleceu o seu conteúdo o faz parecer óbvio? Quem desconhece essas necessidades? É possível que o prospecto desista da compra supondo que o professor ensinará o que ele já sabe. Mesmo que por trás desses títulos existam técnicas inovadoras, o público não será alcançado.

Qual seria o caminho mais estratégico para o personal?

Se a sua mente foi até o início do capítulo e você pensou em explicar o conteúdo antes de simplesmente mostrar títulos elencados, acertou! Ciente ou não do que é necessário, o aluno quer conhecer a metodologia do profissional, essa sim é capaz de inspirá-lo a iniciar os treinos que tem postergado há anos.

Na comunicação enriquecedora, o combustível da inspiração é a preparação.

Uma das práticas que sempre teve minha atenção, especialmente nos momentos em que me vi em meio à tempestade dos resultados ruins, foi ler ou assistir filmes que retratassem a biografia de pessoas como eu, que começaram a partir do nada e conquistaram resultados positivos.

Luiza Helena Trajano, empresária por trás do Magazine Luiza, cuja biografia me inspira, certa vez disse: "Nunca tive dó de mim. Fui criada para enfrentar os problemas e não fugir deles. Sempre transformei problemas em soluções".[33] Concordo plenamente com ela.

Defendo, como disse antes, a importância de evitar a comparação.

Aquela história de "o meu problema é maior" é só um argumento para reforçar a autopiedade. E isso não vai lhe ajudar em **nada**. Pelo contrário, atrapalha! Porque você se compara a quem não está prosperando, a quem possui um problema parecido com o seu.

Talento você traz em seu DNA, e não tenho dúvida de que o possua. Logo, ao criar um produto, é preciso ter autoconfiança para vencer os pensamentos limitantes que assombram a mente por meio de perguntas que torturam. *Quem vai se interessar por isso? Será que vão rir de mim? Não é melhor ficar quieto no meu canto?*

Faça como a ex-primeira-dama norte-americana Michelle Obama, que escutou certa vez de uma pessoa próxima:

"Você não tem capacidade para estudar na Universidade de Princeton."

E alguém pode dizer a qualquer pessoa do que ela é ou não capaz?

Michelle ficou compreensivelmente chateada pelo comentário, mas prometeu que provaria equivocada a crítica. Não apenas cursou Princeton, como sentou-se, depois, nas disputadas cadeiras da Escola de Direito

---

33 TRAJANO, L. H. "Fui criada para enfrentar os problemas e não fugir deles, diz Luiza Helena Trajano. **IDV**. Disponível em: < https://www.idv.org.br/sala-de-imprensa/dia-10-luiza-helena-trajano-presidente-do-conselho-do-magazine-luiza-e-do-grupo-mulheres-do-brasil-fala-sobre-empreendedorismo-feminino/>. Acesso em: 6 jun. 2022.

da Universidade Harvard, onde conheceu o homem que, no futuro, seria um dos mais importantes estadistas do mundo, seu marido Barack Obama.[34]

Ninguém está apto a dizer que você é incapaz de fazer algo.

Você pode, sim, criar um produto ou transformar vidas. Só você sabe do que é capaz e o quanto a sua inteligência pode ajudar o mundo.

Nunca permita que alguém lhe convença do contrário.

"Tathi, fui demitido e não quero mais regressar ao regime CLT. Sinto-me pronto para explorar a internet, mas não tenho um produto." Escutei afirmações parecidas com essa em várias ocasiões.

O primeiro passo é pensar de maneira empreendedora e criativa. *Quais problemas existem hoje que eu tenho condições de resolver?* Eis a resposta que pode valer 1 milhão de dólares ou mais.

Digamos que Paulo identificou o problema da seca e da fome em determinada região. Pensar que ele, sozinho, pode acabar com a fome no mundo seria bastante otimista. Mas planejar e criar uma startup para incentivar empresários a investirem em regiões desfavorecidas, onde as pessoas passam fome e sede, é factível assim como supor que esse empresário se tornaria destaque no combate à escassez.

Em outra análise, Maria identifica o problema da mulher que investe na própria carreira, percebendo que ela trabalha boa parte do tempo sob o sistema de home office, ao lado de seus dois filhos pequenos que demandam sua atenção. Maria, que é ótima educadora, vê surgir um produto: criar uma empresa que selecione, recrute e disponibilize babás especializadas em acompanhamento de crianças durante o home office dos pais.

Ao identificar problemas, faça sempre o exercício de buscar as soluções. E, se nada vier à mente, faça perguntas. Descubra o que incomoda seu público.

Dentre as respostas, o detalhamento de várias delas vai inspirar você a criar as soluções que, por sua vez, se tornarão bons produtos. E se faltar inspiração e estratégia, pesquise nos perfis de outros profissionais, sejam eles concorrentes ou não.

Talvez isso até já tenha acontecido com você diversas vezes, mas oportunidades passaram despercebidas por falta de clareza,

---

34 OBAMA, Michelle. **Minha história**. Rio de Janeiro: Objetiva, 2018.

conhecimento e atenção. A boa notícia é que os três são passíveis de desenvolvimento, isto é, você pode treiná-los, como qualquer habilidade.

Se você treina o músculo para que ele se mantenha firme, verá que é possível treinar a mente para que ela mantenha esse trio no radar.

Outras perguntas que contribuem para a criação de um produto do zero:

- **Em que você é bom?**
- **Em qual área, talvez até diferente da sua formação acadêmica, você já recebeu elogios inesperados?**
- **O que você ama tanto que seria capaz de aprender e, depois de um tempo estudando e pesquisando, ensinar aos outros?**

Por sua vida, decerto, passou alguém memorável que enriqueceu sua comunicação: um tio, pai, professor, amigo. Pense nas perguntas que essas pessoas fizeram a você. Se a sua vida mudou naquela ocasião, o que seria possível mudar hoje e como isso inspiraria um novo produto?

O mais importante é que tal solução, produto, serviço ou ideia transforme as pessoas. **Receber presentes é bom e prazeroso, mas gerar presentes sob o formato de conhecimento e ver a vida das pessoas se transformando é uma maneira de ganhar da vida o melhor dos presentes**, o enriquecimento, a realização a partir da felicidade do outro.

Identificado o seu talento, é necessário treino e consistência. Encontrou uma solução? Aplique-a em sua vida, pratique com aqueles que ama ou com quem trabalha e, uma vez constatada sua eficácia, você saberá a hora certa de oferecê-la abertamente ao mercado.

Se a sua mente for muito exigente e a palavra **talento** incomodar, pense pura e simplesmente **naquilo em que é bom.**

Imagine uma pessoa que passou a vida inteira sendo educada de maneira tensa e negativa, escutando que não era boa em nada, que só dava problemas. É compreensível que essa pessoa tenha dificuldade para enxergar e assumir seus talentos naturais ou adquiridos!

Uma vez vencida essa demanda de assumir suas qualidades e os temas em que se sobressai, precisamos pensar e agir em favor da superação das objeções e dos nãos que receberemos — que são naturais e fazem parte de qualquer processo.

Quando eu trabalhava na área de vendas e tinha a meta de realizar centenas de telefonemas por dia, escutava os nãos e seguia. Como consegui lidar com o não, a rejeição dos prospectos?

Se eu pensasse só em vender mais, não conseguiria o que desejava de verdade: ser líder.

Investi em anotar os métodos bem-sucedidos pensando que, no futuro, quando fosse realmente a líder, teria uma metodologia a replicar para que o time repetisse meus bons resultados, e assim aconteceu.

Preocupada em criar um método que funcionasse, encontrei força para buscar o sim e a blindagem emocional para entender o não como uma simples parte do processo.

Queria vender bastante? Claro que sim. Era o meu foco? Claro que sim. Mas, além desse, meu grande objetivo era criar um legado.

Ao focar a criação de uma metodologia de vendas que ainda não existia, o pensamento foi abundante e os resultados vieram, dia após dia. Quando o cliente dizia não, em vez de agradecer e me despedir, passei a fazer enquetes, principalmente direcionadas ao cliente que dizia não sem analisar.

"Entendi que não é o seu momento e está tudo certo. Só uma pergunta rápida: o que eu poderia fazer diferente para que, na próxima vez, você pudesse ao menos ouvir a minha proposta e quem sabe até comprar de mim? É só esta dica de que preciso!"

Nunca um cliente deixou de responder e, em vários casos, o não se transformou em sim na mesma ocasião, porque o cliente se dava conta da injustiça que estava cometendo ao dizer um não cheio de capricho, dito só por dizer.

Observe que eu não criei um produto, não reinventei a roda. Criei uma maneira de atender baseada no que existe de mais poderoso: escutar o seu cliente. Como benefício, além do aumento nas vendas, alcancei a liderança e pude praticar um valor que, para mim, é inegociável: não posso trabalhar e produzir um dia sequer sem aprender algo novo.

Lembre-se do foguete. Estamos voando e precisamos pensar grande, trazer soluções que deixem o mercado de queixo caído.

Uma vez definido o produto, pensando ainda na comunicação dentro do ambiente digital, a fase seguinte consiste em pensar na entrega: mentoria, aula, desafio de 21 dias, curso, palestra etc.

Se você tem uma solução transformacional, pense na embalagem, lembrando que o formato deve preencher a quantidade de horas que o seu produto prevê.

Aos que pensam que não gostam de aulas curtas ou longas demais, aí vai uma provocação:

Não é sobre você. Na comunicação enriquecedora, o que você cria parte de você, mas quem recebe é o outro. Do lado de lá, pessoas de perfis diferentes aguardam formatos que você talvez não aprecie.

Eis outro segredo: para criar um produto do zero, precisamos ser camaleões da comunicação, adaptando-nos a vários estilos para atingir públicos variados até encontrar os formatos que melhor se adaptam a nossa mensagem.

Produza videos curtos, longos, dicas rápidas, podcasts, palestras ou lives alongadas. Aos poucos, perceberá qual é o melhor caminho.

O fundamental é estar pronto para deixar de lado essa história de "não gosto de gerar conteúdos curtos" ou "só sei gravar vídeos rápidos". Prepare-se para o que o cliente precisa. Flexibilize sua comunicação e aí sim poderá dizer que ela é enriquecedora, pois será digna do alcance de variados perfis e clientes.

Resumindo e clarificando: para criar um produto novo, domine o assunto! Cuide para não adentrar em um território que não estudou o suficiente. Se a sua experiência é comercial e jamais estudou ou fez parte da área executiva, não faz sentido criar um produto setorizado para executivos, pois não terá congruência.

Para criar um desafio de 21 dias, por exemplo, estruture um conteúdo marcado por temas entrelaçados para abordá-los a cada dia. Observe o caso de um palestrante do setor de educação financeira:

- **Dia 1 – Controle de despesas e receitas;**
- **Dia 2 – Gestão das emoções que geram compras por impulso;**
- **Dia 3 – Como sair do endividamento e se tornar investidor;**
- **Dia 4 – Os primeiros passos para a independência financeira;**
- **Dia 5 – Os mecanismos básicos do mercado de ações;**
- **...**

O profissional cada dia traz um tema novo e desafiador e é isso que você deve fazer também.

Agora, se optar pela criação de uma mentoria, desde que seja um tema de seu total domínio e fonte de seus estudos constantes (foco na consistência), basta ser você, dar o melhor de si e, no caso do trabalho em grupo, moderar e orientar o debate, sanando dúvidas. No caso da mentoria pessoal, direcione o aluno aos resultados desejados e planejados.

Talvez você prefira, ainda, trabalhar com produtos de recorrência. A exemplo do que faz a Netflix e os demais serviços por assinatura, é aquele em que o cliente paga uma taxa mensal para receber todos os meses conteúdos novos ou exclusivos. É um produto que exige atenção total para organizar, estruturar e vender, porém vários comunicadores que enriquecem apreciam e adotam esse formato.

É importante ser adaptável entre as diferentes modalidades que você pode utilizar para apresentar o conteúdo, estar atento para qual formato agrada mais o seu público e qual modelo leva você mais longe, atingindo o segmento certo de pessoas.

Definido o seu formato, chegou o momento de falar das parcerias. São boas e geram resultado? Vale a pena investir? Antes só do que mal acompanhado? Vamos entender tudo isso no próximo capítulo.

13

Pare de fugir da escassez

Um avião decola contra o vento e parece até mesmo contrariar as leis da física. Enquanto as turbinas lutam para atingir mais e mais altitude, a aeronave consome muito combustível.

Sabe qual foi o voo mais desafiador da história? O primeiro! Após toda a parte teórica estudada e uma longa sequência de testes em simuladores, imagine como deve ser difícil para cada piloto decolar pela primeira vez, sabendo que a decolagem é um dos momentos mais arriscados do voo.

O piloto recebe a pressão emocional, a aeronave consome boa parte do combustível para atingir a altura imposta pela torre de comando, e há um momento em que se encontra a estabilidade. Possivelmente, de ambos. A aeronave estabilizada lá em cima segue o seu curso performando conforme foi programada, e o piloto encontra o seu eixo, reequilibrando suas cargas emocional e hormonal, com certeza celebrando em pensamento a sua bem-sucedida primeira vez.

De certa maneira, podemos concluir que a busca do piloto e da aeronave são a mesma: estabilidade.

Assim como a primeira decolagem das aeronaves, a sua também será difícil. A mais desafiadora conquista é a dos primeiros 100 mil — sejam eles seguidores ou reais. Até aquele momento, o seu know-how ainda está em desenvolvimento, o que facilita a reincidência de escolhas que trazem prejuízos ou empatam os números.

Falo por experiência própria — e embasada pela opinião de todos que chegaram a esse patamar. Quando você aprende o caminho para os primeiros 100 mil, torna-se muito mais claro os caminhos até o primeiro milhão.

Mesmo que você perca tudo! Com as estratégias desenvolvidas nessa jornada, você saberá reconstruir tudo do zero. Isso explica a razão pela qual é comum testemunhar vários gigantes do mundo empresarial que, da noite para o dia, quebram. E, em questão de poucos anos, às vezes até meses, se reerguem ainda mais fortes.

Quer dizer que passa a ser fácil perder e ganhar? Não!

É apenas mais rápido reconstruir do que construir, porque você já conhece o caminho, os obstáculos, as escolhas que não vingam, as pessoas que atrapalham, os concorrentes a enfrentar e até a autossabotagem que porventura terá praticado. É aí que se encaixa a analogia, a busca pela estabilidade.

Mas a estabilidade é um elemento duro de ser conquistado e, às vezes, a depender do mercado em que se atua, até indesejado.

Quer um exemplo? Se o McDonald's se tornar estável, a rede inteira quebra. Todos os dias, a marca deve se adaptar ao contexto em que vive a sociedade que a acolhe.

Isso quer dizer que os franqueados operam às cegas, pelos instrumentos? Não.

Todo franqueado da marca sabe com precisão o que está fazendo, porque é o típico negócio que pode ser condenado pela estabilidade, já que o concorrente se reconstrói e se adapta ao novo todos os dias. Em vez de estabilidade, a busca da cadeia mundial de fast food é a previsibilidade em relação aos processos.

Gosto muito da frase do autor e empresário Flávio Augusto: "na vida, não existe estabilidade".[35] Logo, se é impossível manter nossas demandas estáveis 100% do tempo, precisamos aproveitar ao máximo as oportunidades dos momentos de estabilidade, nos preparando para as "turbulências" que cedo ou tarde virão.

Quem aprende a permanecer no topo, ao enfrentar altos e baixos, consegue se manter em pleno voo. Quem passa a vida fugindo da escassez tem dificuldade até mesmo para decolar.

Dinheiro muitas vezes vale menos que o networking.

Não me entenda mal. Sim, dinheiro é bom, facilita a vida, garante conforto e independência. Porém a rede de relacionamentos tem um poder que faz toda a diferença na vida e nos negócios.

---

35 ESTABILIDADE não existe! Feat. Flávio Augusto | FodCast #34. 2021. Vídeo (57min39s). Publicado pelo canal FodCast. Disponível em: https://www.youtube.com/watch?v=0cJLnp5seAs&ab_channel=FodCast. Acesso em: 9 jun. 2022.

Basta observar: o mercado está repleto de exemplos de milionários que quebraram porque tocavam seu negócio de maneira independente e solitária. Eles recusavam qualquer tipo de parceria.

"Quem tem amigos, tem tudo."

Olha como são as coisas... Já mencionei algumas vezes o Vivendo de Palestras, que é meu treinamento de formação de comunicadores memoráveis. Ele é uma versão ainda mais aprofundada de tudo o que está neste livro e mais um pouco.

Como mentora, tive a oportunidade de conhecer pessoas com histórias de vida emocionantes!

A questão é: nos últimos anos, minha agenda tem estado cada vez mais apertada. Recebo tantas propostas de treinamentos e palestras que nem consigo mais aceitar todas! Ao recusar essas oportunidades, sempre faço questão de indicar meus melhores alunos.

E como eu sei que eles são os melhores?

Porque são eles que se destacam na comunidade de alunos. São eles quem compartilham os resultados e, depois, participam da mentoria. Eles participam de todas as lives e sempre marcam presença no PPG Experience, que é um evento de três dias focados em comunicação e produtividade. Quando realizo o concurso anual de seleção dos palestrantes para o PPG Experience, eu acompanho de perto a seleção dos finalistas e, ali, percebo quem são os que têm maior potencial!

Esse é um pouquinho da magia de um bom networking: quando você menos espera, as oportunidades aparecem.

Para comunicar-se de maneira enriquecedora é importante encontrar os parceiros ideais para enfrentar diferentes desafios.

O primeiro passo para escolher e definir um parceiro é estabelecer para si aquilo que espera dele. Algo como a seleção e o recrutamento de um colaborador para a empresa.

Os comportamentos, valores, as competências e habilidades, tudo o que é importante para você deve ser levado em conta ao escolher parcerias. E digo desde já algo que talvez possa chocar: não adianta pensar só em confiança, ética e credibilidade.

"Poxa, Tathi, quer dizer que esses valores tão nobres não são importantes?"

Claro que são. A questão é que são valores obrigatórios. Ninguém pode se gabar por ser ético, confiável ou digno de credibilidade porque são critérios naturalmente importantes e deveriam ser o básico para qualquer relação.

Como em um veículo novo, esses itens são "de fábrica". Não podem ser valorizados pela concessionária ou destacados como poderosos acessórios. Compreende?

Para ficar mais claro, todo ser humano é obrigado a trazê-los no DNA, em sua essência e, se a pessoa não os tem, nem cogite qualquer parceria com ela. Afinal, não são princípios que podem ser desenvolvidos e praticados, como a pontualidade ou a consistência.

E se você for rechaçado, humilhado, ignorado por alguém "maior"? A resposta é bem simples: faça como eu fiz, conquiste tanto resultado que, no futuro, essa pessoa é que vai procurar você para alguma parceria. Comigo aconteceu mais de uma vez e escutei frases mais ou menos assim:

"Tathi, como você cresceu, hein? Sabe aquela parceria que propôs há alguns anos? Vamos amadurecer a ideia?"

"Tathi, acho que chegou a hora de a gente começar. Vamos tomar um café e colocar no papel nosso futuro como parceiros?"

Variando um pouco entre um e outro, escutei falas parecidas depois que o Instituto ganhou destaque. Não posso culpar ou julgar essas pessoas. Eu os procurei quando estavam voando e, quando você está lá em cima, não é fácil receber quem está por baixo.

Mas o mundo dá muitas voltas, não é mesmo?

Ah! E tire da mente qualquer pensamento de "esnobar quem um dia o esnobou". No mundo dos negócios, isso só vai lhe derrubar.

Você tem total liberdade para escolher as pessoas com quem quer trabalhar! Mas lembre-se de que esse também é um direito do outro. Tá tudo bem se, no começo, você não for escolhido.

Daqui em diante, prepare-se!

Nos próximos capítulos você vai receber uma injeção de adrenalina comercial aplicada direto na veia!

Para comunicar-se de maneira enriquecedora é importante encontrar os parceiros ideais para enfrentar diferentes desafios.

@TATHI_DEANDHELA

PARTE III

Posicionamento

14

Descubra a genialidade que há em você!

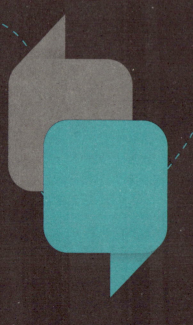

Você já se perguntou como funciona a mente de influenciadores e formadores de opinião como Ayrton Senna, Roberto Justus, Steve Jobs, Walt Disney e tantos outros?

É sobre isso que falaremos neste capítulo: como ter o mindset de abundância, de modo que a mente esteja voltada para o sucesso e focada na prosperidade.

Mais do que desenvolver uma mentalidade voltada para o êxito, é necessário ainda ter prontidão para o enfrentamento das dinâmicas do cotidiano, especialmente os imprevistos.

Para isso, a mente do comunicador precisa estar blindada para que ele jamais duvide de si, apesar das circunstâncias, por mais graves que sejam.

Isso me lembra a Ana Lazarotto, que além de minha aluna, se tornou uma grande amiga. Desde menina, ela sonhava em ser artista. Trabalhou em programas de televisão, fez reportagens de rua, cerimoniais, até se enveredar pelo mercado de palestras.

Como não tinha método e não dominava as técnicas de vendas, cometeu o terrível erro de imaginar que as condições financeiras dos clientes eram que nem as dela, e aí viu seu mundo despencar... Ficou estagnada nessa área por sete anos!

Só isso já seria o suficiente para deixar qualquer um frustrado...

Mas o que veio depois foi ainda pior.

Após mudar de ramo e alcançar muito sucesso na área da beleza, viu seu próspero negócio se derreter com o fechamento dos comércios na pandemia de covid-19, iniciada em março de 2020.

As dívidas superaram a marca dos 200 mil reais!

Imagine o desespero dessa mulher que, além de perder tudo, ainda tinha a preocupação imensa de cuidar dos filhos e da família.

Apesar de muito abalada, ela manteve a fé. Um dia, ainda sem rumo, fez uma oração pedindo a Deus uma nova chance de prosperar. Foi então que veio a oportunidade de ela realizar o Vivendo de Palestras.

Mesmo quando tudo parecia estar perdido, ela decidiu respirar fundo, arregaçar as mangas, e se pôs ao trabalho. Ela devorava o conteúdo do treinamento e, tudo o que ela via, colocava em prática. Aquela era, de certa forma, sua última esperança.

Pense no alívio da Ana quando, menos de trinta dias depois, ela já havia faturado mais de 20 mil reais com mentorias. Em poucos dias, também já estava vendendo cursos on-line e palestras por vários lugares do Brasil.

Eu já tive a alegria de poder dividir o palco com ela. Para mim, alguém com tamanha resiliência é uma verdadeira fonte de admiração.

Durante o exercício cotidiano da comunicação enriquecedora, constantemente nos deparamos com os mais diferentes níveis de desafios: concorrentes, doenças, mudanças nas leis do país, crise econômica, e por aí vai!

Sempre vão existir adversidades. Assim como a Ana, não podemos desanimar, pois existe um aprendizado a ser tirado dessas situações.

Acostume-se a lidar com os desafios. São eles que vão preparar você para conquistas cada vez maiores.

Quanto mais você crescer, maior será a intensidade e a complexidade dos problemas.

Aprenda a blindar sua mente e se prepare para resistir. Exercite a sua capacidade de procurar saídas criativas e produtivas, para enfrentar, superar e vencer.

Esse é o conceito e o segredo de quem consegue desenvolver meios para ter a mentalidade expansiva, próspera e pronta para qualquer enfrentamento que a comunicação, a vida e os negócios exigem.

A maneira como você escolhe interpretar e decide enfrentar as situações que se apresentam é o que o diferencia como comunicador que enriquece. Essas duas ações dependem, respectivamente, de emoção e lógica. Ao praticá-los com o olhar positivo, a ação assertiva e o desejo verdadeiro de aprender, você terá a mente expandida, ou seja, o mindset campeão daquelas personalidades que citei no início deste capítulo.

É importante esclarecer que nem sempre a pessoa mais inteligente da sala de aula será a que tem a mente mais expandida e o mindset mais abundante.

Sabe por quê?

Assim como se faz na academia ao trabalhar os músculos, mindset é algo que se desenvolve. Em sua obra *Mindset: a nova psicologia do sucesso*, por exemplo, a autora Carol Dweck revela que o fator determinante para quem seremos e o que teremos durante a vida é a nossa busca incessante por objetivos.[36]

A autora e pesquisadora está coberta de razão. **Quanto mais foco e determinação, mais a mente se abre para o mundo, para a vida e para as oportunidades que flertam conosco todos os dias.**

Liderando o meu time, certa vez comentei com eles o que me movia desde os tempos de criança. Eu contei a eles que nunca fui a garota nota 10, a mais talentosa da sala de aula, aquela que se destacava pelo boletim. Mas havia algo que só eu sabia : era a mais esforçada, dedicada e determinada. Foi por ter trabalhado muito e incansavelmente que o mercado do conhecimento me permitiu atingir os patamares que estabeleci como meta, sonho e desejo.

De que vale ter uma vida acadêmica inteira de grandes notas e, na prática, não conseguir resultados profissionais que estejam de acordo com as conquistas que marcaram a vida do estudante?

Percebe como o segredo dos comunicadores que enriquecem está muito além de inteligência inata, oportunidades e privilégios?

Walter Elias Disney, o rei da magia e do encantamento, foi rejeitado pelo exército e, antes de construir seu legado na Disney, foi demitido da empresa em que trabalhava sob a alegação de não ter muita criatividade.[37] Bill Gates foi à falência com uma empresa que teve antes de estruturar a Microsoft e se tornar bilionário aos 31 anos.[38]

A Nintendo, mesmo sendo um dos maiores fenômenos da história da indústria do entretenimento, cometeu erros graves de comunicação que quase a levaram à falência![39]

Não importa se estamos falando de um indivíduo, ou de uma organização.

No fundo, o que faz a diferença é o mindset.

---

36 DWECK, C. S. **Mindset**: a nova psicologia do sucesso. Rio de Janeiro: Objetiva, 2017.

37 GABLER, N. **Walt Disney**: o triunfo da imaginação americana. São Paulo: Novo Século, 2016.

38 GATES, B. **Business at the speed of thought**: succeeding in the digital economy. Nova York: Penguin, 2000.

39 RYAN, J. **Nos bastidores da Nintendo**: o jeito Wii de reinventar negócios e transformar clientes em fãs. São Paulo: Benvirá, 2017.

Foque o dia de hoje e construa o seu futuro sem ficar investindo tempo, energia e emoção em situações que já aconteceram, porque o verbo é bem claro e, embora eu não tenha sido uma aluna nota 10, fui a mais esforçada e sei que "aconteceram" está no passado.

O seu passado não determina o futuro que você vai construir.

Acreditar que você é capaz e agir para exercitar essa crença positiva faz crescer dentro de você uma paixão por aquilo que faz, um desejo irrefreável e inegociável de vencer, e uma vontade de se superar todos os dias, se esforçando para fazer um pouquinho melhor a cada dia.

Ao invés de apenas acreditar no que estou dizendo, teste por si só.

Você vai perceber que o mindset fixo só serve para aprisionar as ideias, afastar a prosperidade e atrair a escassez. E posso apostar que você já ouviu por aí muita gente dizendo frases típicas de quem tem essa mentalidade.

"Eu nasci assim, nunca vou mudar. Quem quiser gostar de mim que goste, e quem não quiser, tô nem aí!"

"Não tem essa de regra da empresa. Eu faço do meu jeito que é bem melhor e, se o chefe não aceitar, que me demita!"

"Como quer que a gente cumpra meta se o mercado está tão difícil? Acha que a gente sabe fazer milagre?"

Desenvolva o mindset de crescimento, aquele que permite que você se desenvolva um pouco mais a cada dia, tornando-se melhor pessoa e profissional. É assim que se aprende a lidar com problemas, a vencer o fracasso temporário e transformá-lo em sucesso definitivo.

Experimente, no seu dia a dia, trocar as falas negativas pelas ditas a seguir e perceba a diferença que essa mudança de mentalidade traz em sua vida.

"Eu gosto de quem eu sou. Mas o que posso fazer para ser alguém ainda melhor?"

"Não me sinto confortável neste tipo de situação. Como posso conversar com meu chefe e mostrar a minha visão sobre esse assunto?"

"O mercado não está favorável... O que eu posso fazer para contornar as objeções dos clientes? Quais parceiros serão mais estratégicos neste momento? Existe alguma coisa que eu posso fazer que reduza os riscos futuros?"

Quero aproveitar esse assunto e, antes de seguirmos, destacar algo interessante.

Muitas vezes, o mindset fixo tem como protagonista os outros. A "culpa" nunca é de quem está pensando – mas sempre das circunstâncias que são difíceis, do chefe que é um chato, das leis que não funcionam... Percebe?

Já quem tem a visão de abundância traz a responsabilidade para si. Ela entende que nem tudo está sob o seu controle, mas sabe dedicar seus esforços e energia para aquilo que pode mudar.

15

Vença seus medos

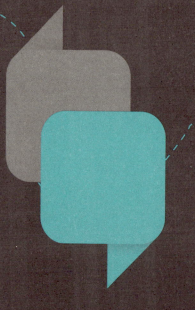

"Compartilhe a felicidade."

"*Just do it.*"

"*Think different.*"

"Todo mundo usa."

"Feito para você."

Ao ler cada uma dessas frases, você pensou em uma marca específica, certo? Esse é o poder do branding: evocar emoções e sentimentos que ficarão ligados para sempre à sua empresa.

É natural, para quem está começando, acreditar que o branding é seguir uma paleta de cores ou fazer sempre um certo estilo de posts. De fato, esses são **alguns** dos elementos que compõem a sua marca.

Até porque, essa repetição gera, sim, uma associação e evocam uma lembrança de marca. Roxo me faz pensar em um certo banco. Azul celeste me lembra uma marca de joias. As letras L e V, juntas, me lembram bolsas e sapatos. Quando estou passeando pelo shopping e sinto um perfume típico, nem preciso olhar à minha volta para saber que passei em frente à uma determinada loja de sandálias.

Tudo isso são estratégias de branding.

O pulo do gato está em compreender que essas estratégias precisam estar associadas a tudo o que já falamos até agora neste livro: o seu posicionamento; a sua escolha do tema, público e canais de comunicação a serem utilizados; a sua autoridade e a sua mentalidade... Está tudo conectado!

"Nossa, Tathi! E como que eu faço para transformar minha marca em algo grandioso como fizeram essas outras que você citou?"

Que bom que perguntou, leitor!

Porque aqui vamos entrar na etapa do **planejamento estratégico de conteúdo** que vai consolidar o seu branding. A tabela a seguir é um exemplo de modelo simplificado que você pode replicar e preencher conforme for ideal para o seu momento.

MODELO DE PLANEJAMENTO ESTRATÉGICO DE CONTEÚDO

PRODUTO: CURSO COMUNICAÇÃO MEMORÁVEL						
REDE SOCIAL: INSTAGRAM						
Data	Público-alvo	Objetivo do post	Tema	CTA	Legenda	Arquivo
01/01/01	Empresários	Comentários	Pitch de vendas	Deixe a sua dúvida		
02/01/01	Empreendedores	Inscrição no evento gratuito	Pitch de vendas	Clique no link e se inscreva		

COMO PREENCHER

- **Produto:** no decorrer desta leitura, você compreendeu como criar seus produtos na indústria do conhecimento. O seu branding deve estar alinhado com o seu propósito e com as soluções que os seus produtos oferecem. Pensando nisso, este campo deve ser preenchido com o produto no qual você irá focar suas ações por um determinado período.
- **Rede social:** cada rede social tem uma linguagem e um público próprios. Ter isso em mente vai otimizar o seu processo de produção de conteúdo. Atenção: o seu branding é **único**. Ele não vai mudar de uma rede para outra. O que irá mudar são apenas os formatos dos seus posts!
- **Data:** sempre que possível, faça o planejamento do seu conteúdo com antecedência! Essa coluna é uma previsão de data de publicação.
- **Público-alvo:** mesmo falando de um único assunto, é possível que o seu público se divida em pequenos sub-nichos. No meu caso, tenho seguidores que são empresários, advogados, funcionários públicos, professores, líderes religiosos, líderes políticos e palestrantes. Conversar com cada um deles exige uma certa especificidade. Por isso, é importante deixar claro no seu planejamento com quem você vai conversar em determinada ocasião.
- **Objetivo do post:** um planejamento estratégico de conteúdo é pautado em quatro pilares – técnica, inspiração, emoção e venda. Com isso

em mente, tenha clareza de qual é o seu objetivo principal com cada post. No exemplo ali em cima, no dia 01/01/2022 o conteúdo previsto tem como objetivo o engajamento por meio de comentários. Como a CTA é focada em tirar dúvidas, é possível perceber que o conteúdo em questão tem foco técnico.

- **Tema:** dentro do seu foco de atuação, sempre haverá a possibilidade de falar sobre temas menores. Nas minhas redes, hoje o meu principal foco é a comunicação memorável. Dentro disso, eu busco explorar os diversos tipos de comunicação, os erros mais comuns cometidos pelos profissionais de mercado, dentre outros assuntos relacionados. Busque conectar os assuntos de um post ao outro, sem criar uma dependência entre eles.
- **CTA:** como já falamos anteriormente, este item é a sua chamada para ação. É o momento em que você deixa claro para o seu público qual reação você espera que ele tenha após o contato com aquele post.
- **Legenda:** este é o espaço para a sua *copy* brilhar. Aproveite a sua legenda para reforçar a técnica, inspiração, emoção e venda que você evocou no seu conteúdo.
- **Arquivo:** por fim, neste campo você vai inserir o link para a arte ou vídeo que você criou para o seu conteúdo. Assim, ficará muito mais fácil fazer a publicação quando chegar a data prevista.

ROMA NÃO FOI CONSTRUÍDA EM UM DIA

O seu branding passa por um processo diário de construção. Por representar quem você é, ele é tão vivo e mutável quanto você.

Busque focar essa construção naqueles elementos que mais lhe representam, tanto como profissional, como ser humano.

Lembre-se que, atrás de toda tela, existe uma pessoa. Por isso, seja empático ao se comunicar. Expresse seus pensamentos, suas visões e opiniões como especialista. Traga a sua visão técnica, ao mesmo tempo que demonstra o seu lado humano.

E tenha paciência, leitor.

Os resultados virão. Mas, assim como em um jardim, eles precisam de tempo para florescer.

PARTE IV

Aperfeiçoar

16

Como transformar seu tempo em ouro

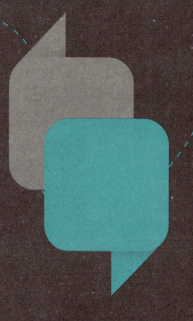

O princípio da vida é a evolução.

Para que você possa evoluir continuamente, é preciso dedicar seu tempo ao aperfeiçoamento. A questão é: como ter mais tempo no seu dia a dia? As vinte e quatro horas às vezes já parecem ser tão poucas!

Como especialista em produtividade e gestão de tempo, separei aqui algumas dicas que vão ser determinantes para que você consiga fazer tudo o que precisa fazer, e ainda ganhe algumas horas para se dedicar todos os dias ao aperfeiçoamento da sua comunicação enriquecedora.

A primeira dica é: estude os livros *Faça o tempo trabalhar para você* e *Faça o tempo enriquecer você*.

Essa recomendação é para que você possa justamente extrair seu máximo potencial, tanto em questões de produtividade, como no seu desenvolvimento estratégico!

No começo desta leitura, você conheceu um pouco sobre a minha história. Eu lhe contei que era vendedora e, com muita dedicação, cheguei ao cargo de diretora nacional da empresa. Então, no livro *Faça o tempo trabalhar para você* ensino o método de produtividade completo que eu desenvolvi e apliquei para chegar tão longe.

Você também já sabe que, depois de sair daquela empresa, eu fundei o Instituto Deândhela® – uma empresa que hoje fatura múltiplos milhões por ano. Isso não aconteceu da noite para o dia! No livro *Faça o tempo enriquecer você* estão os principais aprendizados (inclusive os grandes erros) da minha jornada como empreendedora.

Essas duas leituras já vão impulsionar ainda mais os seus resultados!

Enquanto isso, vamos a algumas ações que você pode implementar no seu dia a dia e que vão melhorar bastante a sua relação com o tempo.

ANOTE TODOS OS SEUS COMPROMISSOS

Pegue um papel e anote todos os compromissos que você tem hoje. Se você perceber que está anotando só suas demandas profissionais, peço que vá além disso.

Tudo nesta vida exige tempo. Então, ao fazer essa lista, pense nos seus filhos (se tiver), no seu relacionamento, nos seus pais... E pense no seu tempo para as atividades físicas e para os estudos.

Lembre-se também do tempo para não fazer absolutamente nada. Esse é o seu momento de apenas descansar ou refletir, recarregando a bateria.

Depois de listar tudo o que você tem a fazer, pegue a sua agenda, seja ela digital ou de papel, e reserve o período em que se dedicará para cada compromisso. No começo, vai ser um exercicio desafiador, mas lhe garanto que valerá a pena.

Imagine que você tem uma garrafa grande em mãos e que dentro dela precise pedras, cascalhos, areia e água. Se você começar pela água ou pela areia, muito provavelmente a garrafa ficará cheia antes mesmo de tentar colocar o restante dos materiais, certo?

Esta garrafa é o seu dia. Os outros itens são os seus compromissos. O trabalho e a família são como as pedras grandes. São elementos fundamentais na sua rotina – e exigem a maior parte do seu tempo. Por isso, eles devem ser os primeiros a preencher a sua agenda.

Depois, vem os cascalhos – aquelas atividades que são importantes, mas que você tem um pouco mais de flexibilidade de horários. Academia, estudo e descanso estão nessa categoria.

Chegamos, então, à parte em que a maioria das pessoas se perde: as pequenas rotinas que precisam de atenção. Essas atividades são como a areia, pois são bem pequenas, e podem se encaixar entre as outras. Fazer as refeições, tomar banho, ir ao mercado, arrumar a casa, tirar o lixo, passear com o cachorro...

O grande erro é que boa parte das pessoas comete é se esquecer dessas pequenas atividades e não reservar um tempo na agenda para elas! Por isso, essas pequenas rotinas vão se acumulando e, quando percebem, as pessoas estão sobrecarregadas – tudo por conta desse pequeno detalhe.

Por fim, temos a água. Essas são as atividades que acontecem de vez em quando e precisam ser encaixadas na sua rotina. Levar o carro para a manutenção, consultas médicas e trocar uma lâmpada são alguns exemplos.

Inclusive, aí vai um último segredo.

Ao fazer esse exercício, estipule uma margem de tempo "livre" entre um compromisso e outro. Isso é essencial para garantir que você tenha uma certa folga e o tempo de uma atividade não interfira na outra.

Parece trabalhoso? A boa notícia é que, depois de fazer essa organização, você terá muito mais tranquilidade para lidar com o inesperado.

Quando você determina as suas prioridades e assume o protagonismo da sua vida, não sobra espaço para os outros abusarem do seu tempo. Por isso é fundamental se organizar e alinhar os seus limites com quem você convive — sejam os colegas no trabalho, ou os familiares e amigos.

Claro que, nisso tudo, é importante ter flexibilidade. Vez ou outra vai ser necessário abrir mão de algo para oferecer uma colaboração. A questão é: se você abrir estiver sempre à disposição para auxiliar nos projetos dos outros, nunca vai sobrar tempo para aquilo que é importante para você!

PLANEJE SEU DESCANSO

Alerta de polêmica! O que eu vou falar agora tem altas chances de causar revolta. Peço que leia com atenção antes de fechar este livro ou desistir da leitura.

Sempre planeje o seu descanso.

Não há nada mais prejudicial para a sua produtividade do que acordar em um dia de folga sem saber o que fazer.

Ah, pronto! Agora a Tathi viajou!

Eu falei que podia causar revolta. Mas, continue comigo que vai fazer sentido.

Quando você começa um dia de folga sem planejamento, é muito natural ficar em dúvida em relação a assistir um filme, ouvir música, se divertir com os amigos, estudar, passear com os filhos... São tantas opções!

O problema disso é que você pode acabar deitado no sofá o dia inteiro e, quando se der conta, a folga acabou. Dentro de algumas horas, a pressão do trabalho estará de volta, exigindo sua atenção.

Tem algum problema em passar o dia preguiçando ou jiboiando no sofá? Não!

É um direito seu, meu, de todos!

Contudo, ao perceber que se passou um dia inteiro e você não fez nada, é comum sentir-se frustrado e cansado.

A frustração vem daquela voz do inconsciente reclamando de um dia totalmente desperdiçado, sem sequer dar atenção para si ou para as pessoas que ama.

O cansaço se dá porque, por falta de ação, ao fim do dia, o corpo está descansado, mas a mente está ativa.

É o crucial momento em que a pessoa sente vontade de sair, exercitar-se, dar uma volta, levar a pessoa amada para jantar. Mas então o domingo está no fim e não há mais tempo para isso.

Entenda: o objetivo dessa dica é lhe dizer que está tudo bem não fazer absolutamente nada no seu dia de folga – desde que você tenha planejado exatamente isso.

Caso você queira sair com os amigos, fazer uma pedalada grande pela cidade, levar seus filhos no clube, ou qualquer outra coisa, também é importante se planejar.

Isso não significa montar um cronograma exato com cada segundo do seu dia. Significa apenas ter clareza do que você quer fazer e se preparar para isso.

Quer ser o protagonista da sua história? Então é preciso cuidar do seu tempo para não se tornar refém das circunstâncias.

De hoje em diante, minha sugestão é que revise sua rotina pelo menos uma vez por mês.

Evite ao máximo aquela velha história de "quando eu tiver tempo, eu vejo isso."

Tempo é escolha. É definir prioridades.

O tempo, por sua concepção natural, é um recurso que não depende de nós. Façamos ou não a nossa parte, ele seguirá o seu curso sem esperar nossa disponibilidade.

Portanto, em vez de "encontrar um tempo livre", que tal usar a expressão "vou me organizar para isso"?

"Eu consigo me organizar para cumprir isso hoje entre 16h e 16h15."

Como em um passe de mágica, essa pequena mudança de discurso faz com que você não mais dependa do tempo. Agora, ele é seu aliado.

Certa vez, percebi que minha secretária estava perdida em meio a tantas tarefas e sem encontrar condições de cumpri-las. E o problema não era eu pedir mais do que ela era capaz de produzir, mas que faltava calcular e reservar o tempo necessário para cada tarefa.

Da maneira que ela vinha fazendo, seriam necessárias ao menos quarenta e oito horas no dia para que desse conta de tudo!

Mas tem uma coisa que precisa ficar clara:

Tempo não se estica como um chiclete. Tempo se administra.

Embora não tenhamos o poder do tempo, que só cabe a Deus, fomos abençoados com uma mente capaz de gerir as vinte e quatro horas diárias que recebemos.

Se algo não tem dado certo, pode ter certeza de que a frase "estou sem tempo para isso" está mais para um pretexto carinhoso – uma espécie de prêmio de consolação que a parte sabotadora da mente cria para escapar da dura realidade.

Chamei a secretária até meu escritório. Juntas, definimos quais era as tarefas de rotina, respeitando o tempo que ela considerava necessário para cada uma. A partir daí, definimos os horários de maneira que ela não precisasse trabalhar mais do que o necessário e não sacrificasse o seu tempo com a família ao ficar até mais tarde no Instituto.

Ela ficou surpresa com o quanto podia realizar, e o que fizemos não foi milagre algum.

Bastou um pouquinho de foco para organizar tarefas, definindo o tempo para cada e estabelecendo horários específicos para que fossem executadas.

Exatamente como eu acabei de lhe mostrar como fazer.

A produtividade também tem efeito direto na saúde familiar. Quanto melhor a gestão do tempo no trabalho, maior será o tempo disponível para oferecer à família.

Eu, por exemplo, adoro estudar *cases* ou me divertir nas plataformas de streaming, aprecio tocar violoncelo e gosto de estar próxima da família, principalmente de minha mãe e minha avó.

Se eu falhar na habilidade de gerir o tempo para estar com minha mãe, sou cobrada e com razão.

Já a minha avó... Em dado momento da minha vida, percebi que estava tão envolvida com o frenesi do dia a dia – que envolve palestras, gravações, treinamentos, atendimentos, negociações e outras tarefas –, que fazia muito tempo que não ia visitá-la e estava com saudades.

Defini, então, que a partir daquele dia visitaria minha avó pelo menos uma vez por semana e, para que não se tornasse uma daquelas típicas resoluções de virada de ano – que as pessoas fazem no calor do momento e não cumprem –, tomei o cuidado de deixar agendado todo domingo um almoço ou jantar.

E olha que isso ainda aconteceu na época em que eu morava em Goiânia, na mesma cidade que ela! Hoje, mesmo morando em São Paulo, sempre busco um jeito de conversar com ela e mostrar o quanto a amo.

Percebe como é importante definir, colocar na agenda e cumprir o planejado?

Veja a agenda como a sua guardiã, a ferramenta que vai lhe proporcionar mais liberdade para viver a vida que vale a pena ser vivida.

Quer ser o protagonista da sua história? Então é preciso cuidar do seu tempo para não se tornar refém das circunstâncias.

@ TATHI_DEANDHELA

17

Quatro técnicas infalíveis para uma comunicação memorável

gora que você já organizou a sua agenda e definiu um momento especial para o seu desenvolvimento, chegou a hora de aperfeiçoar a sua comunicação de milhões!

De modo resumido, compilei neste capítulo algumas das principais técnicas que ensino tanto no Vivendo de Palestras, quanto no Inspiratori, uma imersão presencial com foco no desenvolvimento da oratória de alto impacto.

Mais uma vez, antes de começarmos, vou lhe lembrar que tudo o que você está vendo por aqui precisa ser **aplicado**. Por isso, mais do que apenas ler sobre estes exercícios, dedique-se ao treino!

JORNADA DO HERÓI

O monomito, herói de mil faces, ou Jornada do Herói é uma estrutura de *storytelling* bastante utilizada na indústria do entretenimento. Jogos, livros, filmes e até mesmo letras de músicas utilizam esse recurso em sua composição.

Como comunicador designado, você pode lançar mão dessa estrutura para contar a sua própria história ou, até mesmo, criar uma analogia.

O autor de Christopher Vogler propõe[40] que a Jornada do Herói se inicia com a pessoa escolhida — no caso, você — em uma rotina pacata e que avança para uma condição nova.

Nessa nova etapa, esse escolhido necessita se capacitar — olha só: você está fazendo isso neste exato instante! — adquirir novas competências e superar uma grande adversidade.

---

40 VOGLER, C. **A jornada do escritor**: estrutura mítica para escritores. São Paulo: Aleph, 2015.

Em seu formato original, essa estrutura se baseia em doze passos. Porém, tomei a liberdade de fazer uma adaptação e apresento aqui a forma como **eu** geralmente construo a Jornada do Herói:

1. Todo o contexto se inicia com uma vida normal em que a pessoa escolhida se encontra. Esse é o contexto antes da jornada realmente ocorrer;
2. A partir daí, surge um "chamado para a aventura", isso significa que alguma coisa interrompe a vidinha pacata e exige que o personagem principal escolha enfrentar o desconhecido, indo adiante rumo a uma mudança;
3. No primeiro instante, o herói tende a ficar indeciso e pode até relutar em aceitar a sua convocação;
4. Mas um mestre – uma pessoa que o ajudou (ou ajudará) a superar seu grande desafio – incentiva seu pupilo – você – a se arriscar nesse novo caminho, exaltando a importância de segui-lo para conquistar a meta;
5. Então, o herói deixa a sua vida pacata para trás e entra em um cenário totalmente novo;
6. Nessa aventura, ele vai se deparar com obstáculos, amigos e adversários;
7. Ao longo do caminho, o escolhido encontrará ainda um grande teste ou inimigo a ser derrotado – e aqui é o auge da sua história;
8. Depois de vencer esse último obstáculo, o herói é recompensado e alcança um novo patamar com os seus poderes – que serão os conhecimentos adquiridos com essa experiência;
9. No fim de tudo, o escolhido está livre para voltar a sua vidinha habitual, muito mais poderoso e preparado para revolucionar o mundo a sua volta com tudo o que descobriu durante a sua trajetória.

PLOT TWISTS

Quem nunca assistiu a um filme ou leu um livro em que, do nada, aconteceu algo que fez o queixo cair e evocou o pensamento super eloquente de *eita*?

Essa surpresa das reviravoltas tem nome: *plot twist*. Esse recurso é uma forma de quebrar expectativas, além de ser bastante eficiente para capturar a atenção da audiência. Em geral, é uma técnica inserida no *storytelling*, mas que também pode ser explorada de outras formas no seu conteúdo.

Um palestrante, grande amigo meu, utiliza do ilusionismo como recurso para uma reviravolta em suas apresentações. Enquanto o público se encanta com o conteúdo, os truques de mágica geram uma mudança no clima e ilustram bem o conhecimento que ele compartilha.

Enquanto comunicador designado, explore sua criatividade para chamar a atenção, cativar e manter o interesse do seu público.

Mas cuidado! Tenha bom senso para que o *plot twist* na sua história não desvie o foco da sua apresentação.

O TOM DE VOZ

Você já teve um professor assim? A voz dele era tão baixa, tão monótona, tão linear... Que você sempre acabava sentindo sono durante as aulas?

Ou aconteceu o exato oposto? Ele gritava tanto que era impossível entender o que ele estava falando?

Ambos os extremos são péssimos do ponto de vista da comunicação.

Por isso, é importante cuidar para que o seu tom de voz siga uma modulação que acompanhe o seu conteúdo. Ao compartilhar um momento de tensão, experimente falar mais baixo e pausadamente. Quando estiver falando de um evento extraordinário, mostre seu ânimo!

Sabe o que é muito útil para entender se você está variando o seu tom de voz de um jeito agradável?

Gravar a si mesmo enquanto treina. Pode ser só em áudio ou em vídeo. Você pode, inclusive, utilizar o celular, tablet, computador ou qualquer dispositivo para gravar a sua voz. O mais importante aqui é registrar.

"Ah, Tathi, mas eu tenho vergonha..."

Tudo bem! Eu também tinha. Aí está mais um motivo para realizar esse exercício: vencer essa timidez.

Pense que só você vai ter acesso a essas gravações. Além disso, elas serão essenciais para mostrar exatamente onde você precisa melhorar! Escute com atenção e avalie. Você vai identificar falhas, mas lhe garanto que também vai perceber que tem muitos acertos.

EMOÇÃO

Suflê de chuchu. Assim é a comunicação de quem não consegue explorar bem suas emoções.

Seres humanos sentem o tempo todo. Alegria, raiva, tristeza, indiferença... Tudo isso se passa em nossas cabeças todos os dias. Transmitir essas sensações é um recurso extraordinário para gerar conexão com a sua audiência.

Para utilizar as suas emoções a seu favor, é importante cuidar da entonação da voz, do corpo em sincronia com a fala, dos gestos adequados, da linguagem corporal.

Os discursos de Nelson Mandela,[41] por exemplo, inspiraram todo um país a se unir após séculos de segregação racial. Sua força de vontade até hoje é um dos grandes exemplos de combate ao racismo e defesa à democracia. Mais do que suas palavras, foi a emoção verdadeira de Mandela que o eternizou como símbolo do final do Apartheid.

Também foi a capacidade de transformar sentimentos em palavras que permitiu a Barack Obama se eleger em 2008.[42] A campanha *Yes, we can* ainda reverbera em todo o mundo como a representação de um ideal de poder coletivo para realizar a mudança.

Isso não significa que toda vez que você for conversar você precisa realizar um discurso capaz de mudar os rumos da história, mas sim que você pode enriquecer a sua comunicação ao ser sincero e valorizar as suas emoções, utilizando-as a favor da sua mensagem.

---

41 PRESIDENT Nelson Mandela inauguration speech may 10, 1994. 2015. Vídeo (8min58s). Publicado pelo canal SABC News. Disponível em: https://www.youtube.com/watch?v=pJiXu4q__VU. Acesso em: 8 jun. 2022.

42 BARACK Obama: 'A more perfect union' (full speech). 2008. Vídeo (37min09s). Publicado pelo canal BarackObamadotcom. Disponível em: https://www.youtube.com/watch?v=zrp-v2tHaDo. Acesso em: 8 jun. 2022.

Enquanto comunicador designado, explore sua criatividade para chamar a atenção, cativar e manter o interesse do seu público.

@TATHI_DEANDHELA

PARTE V

Monetizar

18
Transformando ideias em dinheiro

onetizar é o desejo de todos que um dia decidem empreender, abrir uma empresa, estruturar uma marca. Mas... Como fazer isso?

Muita gente bate cabeça no mercado motivada (perigosamente) pela ansiedade de crescer com rapidez, sem perceber que, na realidade, está tentando faturar a qualquer preço. Mas, se tem algo que o mercado não perdoa é a ação inconsequente, seja para manter a sustentabilidade do negócio ou expandir em busca de maior *market share*, também conhecido como fatia do mercado.

Nas próximas páginas, você vai encontrar um caminho seguro para enriquecer a longo prazo por meio da sua comunicação. Nele, você vai ver as cinco etapas estratégicas para gerar resultados: a identificação do seu público-alvo, preparo da solução, entrega da singularidade (lembra-se do Método PSE?), oferta irresistível e divulgação estratégica.

PÚBLICO-ALVO

Costumo dizer que bem mais relevante do que sair atirando para todos os lados é trabalhar o **público-alvo** de maneira personalizada.

Ainda que seu conteúdo tenha sido produzido para alcançar multidões, é importante conversar com o seu cliente como se aquele produto tivesse sido criado exclusivamente para ele.

Se apurar a audição, certamente vai ouvir falas como estas:

"Cara, comprei um carro que me deixou feliz demais. É econômico e potente ao mesmo tempo. Parece que foi feito para mim!"

"Sinta a fragrância deste perfume. Não é a minha cara? Acho que a marca pensou em mim quando estava misturando os elementos."

"Você viu aquela nova fralda com tratamento anti-irritação? Parece até que fizeram para minha filha, porque é a única que não assa sua pele."

"Contratei uma profissional do ramo de treinamentos que resolveu o nosso problema de atrito entre líderes e liderados. Agora a empresa inteira fala a mesma linguagem."

Os primeiros exemplos – o carro, o perfume e a fralda – foram fabricados em linha de produção. Mas, aos olhos e sentidos de cada feliz comprador, o produto foi fabricado pensando em **seu** desejo ou para resolver o **seu** problema.

Já no último exemplo, parte do treinamento que a profissional ministrou na empresa provavelmente está disponível nas plataformas virtuais das redes sociais. A outra parte, assim como eu fiz – e faço – tantas e tantas vezes nos palcos do Brasil e do exterior, será entregue ao vivo, com requintes de pura exclusividade.

Este é um dos principais segredos da monetização de produtos e serviços: projete para muitos, desde que se atente às necessidades de cada um.

No segmento de eventos, por exemplo, quando realizamos palestras ou treinamentos de natureza *In company,* tomamos o cuidado de transformar a vida de cada colaborador.

Agimos assim porque só as pessoas transformadas se propõem a colocar em prática o que aprenderam no auditório para evoluir em comportamento e performance. São elas também que o ajudarão na divulgação orgânica do seu conteúdo e na percepção do público quanto ao valor do seu produto – algo que falarei em breve.

Uma vez que você compreende quem são os seus clientes, e como eles vão extrair o melhor do seu produto ou serviço, é hora de garantir a especificidade do **nicho**.

SOLUÇÃO

Todo mundo tem problemas.

O seu propósito, enquanto comunicador, é identificar **um** problema do seu nicho e desenvolver uma solução que seja potente, constantemente inovadora e desafiadora.

Para transformar seu conhecimento em uma mina de ouro, é importante entender o que incomoda o seu cliente a ponto de que ele esteja disposto a pagar para ser resolvido.

Uma balinha resolve um desejo por doces. Um personal trainer atende às necessidades únicas de treino de cada indivíduo. Um rodinho de pia ajuda a manter a higiene da casa.

Quer faturar? Então tenha clareza sobre quem é o seu cliente e qual problema o seu produto ou serviço resolve.

SINGULARIDADE

Já percebeu quando modelos de escovas de dentes existem? Algumas têm corpo de bambu, outras têm cerdas mais macias, algumas são elétricas, outras têm limpador de língua... Quem poderia imaginar que um produto tão simples pudesse ser tão complexo!

O que cada um desses modelos oferece ao consumidor é a possibilidade de serem soluções diferenciadas, que atendem a uma expectativa própria do consumidor.

Lá no começo nós falamos sobre a importância da singularidade, e mais uma vez ela se prova um fator importante na comunicação enriquecedora.

O que torna você único no seu mercado? Qual é o fator da sua história, do seu conhecimento e das suas experiências que torna a solução do seu cliente em uma verdadeira transformação de vida?

OFERTA

Só existe um jeito de uma empresa ganhar dinheiro: vendendo seus produtos e serviços.

E o que é uma oferta irresistível? Basicamente, é o ponto de equilíbrio em que o seu produto oferece o que o seu cliente deseja, entregando aquilo que ele precisa, por um preço que ele esteja disposto a pagar.

Para chegar nesse maravilhoso ponto, é necessário conhecer a fundo técnicas de negociação e vendas — e, para se aprofundar no tema, os títulos sobre vendas, marketing e comunicação indicados no fim deste livro são um ótimo começo.

Eu conheço profissionais extraordinários, com mais de duas décadas no mercado e excelente performance, mas que desconhecem as melhores estratégias de vendas e não sabem monetizar o seu negócio. Por causa disso, eles acabam sempre brigando por preço e se desgastando para fechar contratos.

Seja qual for o seu setor, a minha dica é: faça com que a sua proposta atenda dez vezes mais aquilo que o cliente tem como expectativa. Entregue o serviço ou produto com a mesma qualidade do que foi proposto ou mais! Isso fará com que o seu consumidor avalie positivamente o que você oferece – afinal, quem não elogia algo que superou suas expectativas? –, podendo trazer novos clientes, se fidelizar e, melhor ainda, colaborar para que a percepção de valor do seu público quanto ao seu produto aumente, deixando você cada vez mais próximo à "oferta irresistível" tanto almejada.

No Instituto Deândhela®, trabalhamos exatamente isso: oferecemos uma promessa grandiosa e verdadeira, e focamos sempre a entrega muito acima das expectativas dos nossos clientes.

Adotando e cumprindo essa estratégia, a boa monetização do seu produto ou serviço estará garantida.

DIVULGAÇÃO ESTRATÉGICA

Resta apenas uma etapa da monetização da sua comunicação: divulgar com estratégia o seu produto ou negócio.

Não adianta nada ter o melhor produto do mundo, sendo oferecido pelas melhores condições, se o seu cliente não fica nem sabendo que você existe.

Comparemos os ovos de galinha com os ovos de pata. É de conhecimento comum que os ovos da pata são maiores e mais nutritivos. Mas, em todo o território nacional, qual deles vende mais?

Sim, os ovos da galinha. E qual é o motivo disso?

Se você já esteve em uma área rural ou em uma granja, certamente testemunhou o alarde que a dona galinha faz ao entregar o seu produto. Por outro lado, a dona pata bota os seus ovos bem quietinha, em um canto reservado, dando uma trabalheira danada para o criador encontrá-los. Isso tem tudo a ver com o seu negócio.

Se um produto ou serviço de menor qualidade do que o seu está vendendo ou valendo mais, não tenha dúvidas de que seu concorrente está "galinhando" o mercado.

Cabe conferir o que está desalinhado ou faltando na sua estratégia de divulgação.

É timidez que o impede de se expor e divulgar com mais amplitude? É receio de comprometer a marca que criou por dar a impressão de que está desesperado para vender? Quais são os impedimentos técnicos e as crenças que impedem você de ir além com a sua divulgação?

A primeira coisa que você precisa ter em mente quando o assunto é divulgação é:

Não tenha vergonha de tentar mudar o mundo.

A segunda é que para tudo existe uma solução.

Timidez, por exemplo, se resolve com autoconhecimento e treino.

Um exercício bastante interessante para vencer a timidez é conversar com o espelho. Parece bobo, eu sei. Mas o ato de se ver enquanto conversa estimula a sua autopercepção, desenvolve a autoconfiança, e permite o autofeedback – tudo isso de uma só vez.

Já o receio de comprometer a marca pode ser resolvido com a ajuda de especialistas e ferramentas que analisam o *timing* de seu negócio. O *Business Model Canvas*,[43] por exemplo, é fantástico para fazer esse diagnóstico. Quando a minha empresa estava à beira da falência, eu contratei uma consultoria especializada em pequenos negócios e esse processo me ajudou a perceber onde estavam as fragilidades das minhas estratégias.

E, claro, nós já falamos sobre isso, mas volto a reforçar: aprenda a usar as mídias digitais no seu processo de divulgação.

A regra de ouro da comunicação que enriquece consiste em:

TÉCNICA + INSPIRAÇÃO + EMOÇÃO + VENDA = LUCRO

Isso significa que, ao trabalhar suas redes com constância sobre esses quatro pilares, você já vai perceber os resultados.

Aplique as técnicas de *storytelling* de entonação na voz, explore a sua singularidade, traga paixão aos seus conteúdos.

---

43 BUSINESS Model Canvas: como construir seu modelo de negócio. **SEBRAE**. Disponível em: https://digital.sebraers.com.br/blog/business-model-canvas-como-construir-seu-modelo-de-negocio/. Acesso em: 8 jun. 2022.

E se, mesmo assim, você ainda sentir que está travado, não seja aquele paciente teimoso que fica tentando a automedicação. Procure profissionais especializados para indicarem a você os melhores caminhos e apoiarem a sua empresa nessa área.

E se você ainda não está convencido que é possível ser estratégico em sua comunicação sem muito sofrimento, ou ainda pensa que investir em divulgação "é caro", vou dar um exemplo: uma vez eu aguardava o voo na área de embarque usando uma mochila do Instituto Deândhela®. Uma mulher viu o logo e me disse o seguinte:

"Eu vi a sua mochila, fiquei curiosa e procurei no Google. Que interessante o que vocês fazem!"

Conversamos um bocado enquanto aguardávamos nossos voos e, poucos dias depois, essa moça se tornou aluna e comprou praticamente todos os nossos cursos disponíveis na época: o treinamento de produtividade, o de oratória, o Vivendo de Palestras e, ainda, uma mentoria.

Eu estava off-line, e bastou uma logo para atrair uma nova e fidelizada cliente.

Entenda que a aplicação desses cinco elementos — público-alvo, solução, singularidade, oferta irresistível e divulgação estratégica — pode ser a salvação do processo profissional de monetizar o seu negócio com a qualidade que ele merece.

E o motivo de dizer "processo profissional" é simples: o processo amador de monetização não tem previsibilidade. Ele é praticado pelas empresas que não têm a menor ideia de quanto será o faturamento mensal ou anual, e tampouco a receita líquida, ou lucro, de seu processo de vendas.

Vamos recapitular para que não fique nenhuma dúvida?

- Defina o seu público-alvo detalhadamente e escolha seu nicho;
- Tenha uma solução única que supere dez vezes a expectativa do cliente;
- Divulgue com estratégia usando as redes sociais.

Muito obrigada por chegar até aqui e vamos seguindo juntos: ainda temos lições imperdíveis a aprender.

Projete para muitos, desde que se atente às necessidades de cada um.

@TATHI_DEANDHELA

PARTE VI

Vender

19

Venda de maneira persuasiva e irresistível

á aconteceu de você estar assistindo a um vídeo no YouTube ou acompanhando um podcast em que era mencionado algum produto? Aos poucos, você começou a se interessar, fez pesquisas... E quando deu por si, já tinha passado o cartão!

É, leitor... Você foi pego por um excelente pitch de vendas!

O conceito existe há muitos anos no B2B – negócios cujo foco são transações entre empresas e não o consumidor final –, nas conversas pelo LinkedIn, em treinamentos de negociação e vendas... Apesar da elegância do inglês, o significado da expressão é bem simples:

O pitch de vendas é um discurso persuasivo que vende.

Se você lembrou do conceito de *copywriting*, está com a mente na direção certa. Um discurso bem estruturado se baseia em técnicas de *copy* que tornam a venda certeira. Um bom pitch irá:

- Mostrar sua proposta de valor;
- Utilizar os gatilhos mentais da persuasão;
- Desenvolver um relacionamento de confiança com seu prospecto;
- Focar na objetividade e na relevância.

COMO FUNCIONA NA PRÁTICA

Imagine que você conheceu um certo alguém bastante interessante. O que você faria para conquistar aquele coração?

Tudo começa na apresentação. Depois, rola uma conversa. Papo vai, papo vem, você encontra os pontos em comum, descobre do que essa pessoa gosta e não gosta.

E, então, após ficar claro que o interesse é recíproco, chega o grande momento: convidar a pessoa para sair.

Vender é isso: conhecer o seu cliente, entender suas necessidades e gostos, perceber o que é mais importante para ele e o momento da oferta – o pitch de vendas – é exatamente essa etapa final de fazer o convite para um encontro.

Nos dias de hoje, esse contato pode acontecer de mil maneiras, tanto presencial quanto digitalmente: em um evento, café, e-mail, apresentação, videoconferência, ligação, entre outros.

Imagine que você está em um congresso da sua área, por exemplo. Você engaja em uma conversa sobre uma das palestras e o outro participante comenta um desafio pelo qual você também já passou. Aí está uma oportunidade! Você pode mencionar algumas dicas do que fez para solucionar aquele problema. Em seguida, faça um convite para conversarem mais a respeito em um outro momento? Troquem cartões (ou número de telefone) e faça o *follow up* alguns dias depois.

MODELO DE ESTRUTURA DO PITCH

Nem devagar, nem rápido. Tem que ser no tempo certo!

Esse é o princípio básico da comunicação com foco em vendas. É preciso se expressar de maneira direta, ao mesmo tempo que explora tudo o que a mercadoria e/ou serviço tem a oferecer para seu cliente.

Comece citando o problema do seu público. Esse é um modo infalível de prender a atenção.

Explore quais são as dores que aquele problema causa, os incômodos. Gere uma conexão e prove que você entende como ele se sente. Em contrapartida, mostre como seria a vida se aquele problema fosse resolvido. Pinte uma imagem do cenário perfeito – e aqui é importante reforçar que você precisa fazer isso seguindo o ponto de vista do cliente. Esse é um dos modos possíveis para aguçar o interesse.

Em seguida, revele como você conseguiu provocar esse resultado com outro consumidor. Cite, brevemente, de maneira honesta e clara, como as expectativas foram superadas utilizando o seu método. Aqui, você vai provocar o desejo dele de saber mais.

E a tacada final: você vai entregar seu cartão, ou passar o seu contato, e se mostrar à disposição para responder eventuais dúvidas ou fornecer mais informações sobre o produto. E, assim, chegamos ao momento mais esperado: aquele em que o cliente decide tomar uma ação. Então, resumindo:

1. Comece citando o problema do seu público-alvo;
2. Crie uma conexão com seu público ao explorar como os incômodos e dores desse problema afetam o dia a dia do seu cliente, provando que você entende como ele se sente e, muito provavelmente, já passou pela mesma situação;
3. Demonstre como seria a vida do seu público se o problema não existisse mais, aqui é o momento de você fazer o seu cliente imaginar como seria esse cenário perfeito agora que ele tem a solução em mãos;
4. Utilize *cases* e exemplos para basear o seu argumento de venda, provando que essa solução já funcionou para outros e pode ser replicada na vida do seu consumidor;
5. Motive o interesse do seu leitor ao citar como você entrega um produto que supera expectativas;
6. Disponibilize seu contato e ajuda para fornecer maiores informações sobre o seu produto;
7. Espere o cliente tomar uma ação!

Como exercício, proponho a você utilizar essa estrutura e montar seu próprio roteiro de vendas. Treine-o sempre que puder!

Tatue esse passo a passo em seu coração. Ele será o seu guia sempre que houver uma oportunidade de vender. Falando nisso, vou mostrar agora algumas situações bastante oportunas para você vender seu peixe.

QUANDO FAZER UM PITCH

Sempre que se encontrar com um cliente em potencial.

Foi ao supermercado e, na fila do caixa, percebeu uma oportunidade? Apresente a versão curta do seu pitch.

Está em treinamento em uma imersão presencial? As rodas de conversa nesses eventos sempre estão abertas a essa troca.

Ministrou uma aula ou palestra? Se os organizadores do evento permitirem, use a força máxima do combo da sua autoridade, do seu conteúdo inovador e do seu pitch de palco para vender o seu produto. Se não for possível explorar a oportunidade abertamente, engaje em networking após sua palestra!

Em quase todo ambiente existe uma oportunidade. Treine seu radar interno para reconhecer quem são os mais propensos a fechar negócio e parta para a ação.

Vender é isso: conhecer o seu cliente, entender suas necessidades e gostos, perceber o que é mais importante para ele.

@TATHI_DEANDHELA

PARTE VII

Poder

20
Suas palavras têm mais poder do que você imagina

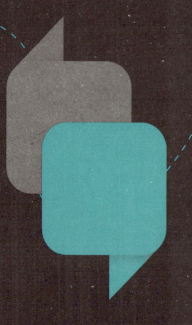

Um dia, um homem ousou dizer "eu tenho um sonho".[44]

Essas quatro palavras marcaram a história da luta pelos direitos civis nos Estados Unidos e no mundo. Elas foram uma revolução no conceito de igualdade racial e seu impacto reverbera até hoje quando falamos em Direitos Humanos.

Um dia, um cantor ousou desafiar as tradições e nos convidou a imaginar como seria mundo sem divisões geográficas, sem crenças religiosas, apenas seres humanos convivendo uns com os outros em paz.[45]

Um dia, um ditador afirmou que somente algumas pessoas eram puras e dignas de viver. Sob seu comando, milhares de famílias foram separadas. Em meses, milhões de vidas deixaram de existir.

Eu poderia escrever páginas e mais páginas apenas citando exemplos sobre o poder da comunicação.

Ao invés disso, vou lhe fazer uma pergunta e quero que você responda com sinceridade.

A sua comunicação tem sido a força que protege ou a força que ataca?

Sabe, leitor... É tão fácil apontar os grandes discursos na história. Eles nos inspiram, nos dão esperança de um mundo melhor.

Mas quando voltamos esse olhar crítico para dentro, fica muito mais difícil pensar sobre o poder da nossa comunicação.

Já estamos chegando à reta final. Nosso objetivo é justamente fazer com que a sua mensagem alcance milhares — quem sabe até milhões — de pessoas. E chega a ser um paradoxo pensar que, ao mesmo tempo que almejamos chegar a tamanha audiência, nos achamos — e sentimos! —

---

44 I HAVE a dream – Martin Luther King. 2020. Vídeo (6min52s). Publicado pelo canal Fernando Holiday. Disponível em: https://www.youtube.com/watch?v=yz0TjhINctI. Acesso em: 9 jun. 2022.

45 IMAGINE. Intérprete: John Lennon. *In*: IMAGINE. Inglaterra: Ascot Sound, 1971. Faixa 1.

pequenos diante do mundo. Muitas vezes, acreditamos que sequer somos ouvidos.

Mas palavras têm poder. Elas podem abrir portas, sim, mas também podem acabar completamente com a sua carreira. Quantos exemplos existem de pessoas que se queimaram no mercado? Usando as mídias como plataforma para uma comunicação não pensada elas foram "canceladas" porque decidiram usar o poder da comunicação de maneira imprudente. Quantas pessoas não decidiram falar algo inspirado para seus poucos seguidores e, de repente, viralizaram e se tornaram celebridade da noite para o dia porque a sua mensagem tocou o coração de muitos? É por isso que é sempre importante tomar cuidado com as palavras que você escolhe usar quando você é um comunicador que enriquece.

E é com esse aviso que começamos esta etapa. Então se segure, porque tem coisa grande vindo aí.

UM ERRO QUE VAI ASSOMBRAR VOCÊ PELO RESTO DA VIDA

Ser um comunicador é muito mais do que uma profissão!

É um ato de empreender. É um negócio. Isso significa que, para ter sucesso como comunicador designado, é necessário ter toda uma estrutura.

Por isso, quero compartilhar com você o erro mais comum que atrasa seu enriquecimento nesse mercado:

Achar que é preciso ter tudo pronto para começar.

Tudo nessa vida exige clareza de prioridades. Os seus recursos são limitados, independentemente da fase em você está hoje.

Por isso, aprenda a diferenciar as **ferramentas** dos **requisitos**.

Ferramentas são os equipamentos que você pode utilizar para facilitar o seu processo. Requisitos são os elementos **mínimos** necessários para fazer acontecer.

Um exemplo muito claro disso é a gravação dos seus vídeos de conteúdo. Qual é o requisito para isso? Ter uma câmera com gravação de qualidade ok, uma fonte de luz e um microfone com qualidade de som boa.

Só isso.

Para atender a esses requisitos, um bom celular e um ambiente com luz natural já são suficientes!

Seria legal usar uma câmera de filmagem em 4k, a 120 quadros por segundo, com um microfone mega potente? Claro! E um *teleprompter* rodando o seu roteiro? Definitivamente! Nossa, a luz com um *ring light* seria linda também.

Mas tudo isso são ferramentas. Elas podem melhorar a qualidade final do seu vídeo? Evidente! Só que sem nada disso **você já pode criar um conteúdo memorável**.

O CHECKLIST DO COMUNICADOR PODEROSO

Poder e autoridade são duas palavras que caminham juntas, especialmente na indústria do conhecimento. Isso significa que, para ampliar o seu poder, é importante que mais pessoas o reconheçam como autoridade.

Pensando nisso, preparei um checklist de marcos na carreira de comunicadores poderosos e influentes e, para deixar as coisas mais interessantes, tenho um desafio para você!

Seu objetivo será alcançar esses três marcos dentro dos próximos doze meses:

- Escrever um livro;
- Palestrar em um grande evento ou ministrar uma aula magna;
- Ser entrevistado (revista, jornal ou em um programa de rádio, TV ou podcast).

Achou que eu ia soltar essa bomba no seu colo e fugir? Não mesmo!

Eu vou é lhe dar um passo a passo para você alcançar esses três marcos e tornar a sua comunicação pelo menos cinco vezes mais poderosa!

PASSO 1: DEFINA SEUS OBJETIVOS

Antes de sair afobado por aí procurando alguém para fechar um contrato contigo, defina quais são as suas metas e tenha clareza sobre os seus motivos.

O primeiro marco é escrever seu livro. Antes mesmo de pensar em escrever, responda para si mesmo as perguntas a seguir:

O que você quer que os seus leitores alcancem depois de terem contato com o seu conteúdo?

_____

_____

_____

_____

Qual é o propósito por trás da sua mensagem?

_____

_____

_____

_____

Como o seu conhecimento vai contribuir para a vida de outras pessoas?

_____

_____

_____

_____

Essas reflexões valem para os outros marcos também! São elas que devem guiar todas as suas ações como comunicador que enriquece.

PASSO 2: FAÇA CONTATOS

Escrever um livro é uma tarefa que só depende de você.

Agora, publicar são outros quinhentos... Da mesma maneira, palestrar em um evento ou ser entrevistado são realizações que dependem de um convite.

Por isso, é importante sempre desenvolver seu network com pessoas das mais diversas áreas. Quanto mais contatos você tem, mais oportunidades se abrem.

Então anote essas dicas para aumentar sua rede de conexões:

- Participe ativamente de grupos sobre diferentes interesses;
- Esteja sempre disposto a oferecer ajuda;
- Seja ponte entre os seus contatos;
- Puxe conversa com frequência (e não só quando você precisa);
- Peça menos e ofereça mais.

Com essas cinco pequenas atitudes, você já vai perceber uma expansão grande na qualidade e na quantidade das pessoas ao seu redor.

PASSO 3: OUÇA MAIS, FALE MENOS

"Ué... Mas pra comunicar mais eu preciso falar menos?"

Exatamente.

Logo no início deste capitulo eu reforcei a você o poder da comunicação. Agora, vou lhe mostrar o poder do silêncio.

As pessoas **amam** sentir que são ouvidas. Elas **amam** contar sua história, mesmo que seja apenas falar sobre os pequenos acontecimentos do dia a dia. Quando você se cala, você dá ao outro a oportunidade de exercer também o protagonismo como comunicador.

Mas não basta apenas sorrir e acenar.

Para aumentar o poder da sua comunicação, ouça atentamente ao que os outros querem lhe dizer. Desde um bom dia, até um grande conselho de vida. Treine a sua capacidade de ouvir e de retribuir.

Você nem imagina o quanto isso pode lhe ajudar!

O Leandro é um agrônomo. Alguns anos atrás, ele era gerente de uma fazenda no sul do país. Por uma série de condições naturais, ele perdeu mais de duas produções inteiras. Pensa no tamanho do prejuizo...

Depois de tanto lutar, não viu outro recurso além abandonar a carreira de engenheiro. Por três anos, foi caminhoneiro. Em meio a tanta dificuldade, ele encontrou a solução ao dar ouvidos aos meus conselhos. De tanto me ouvir, decidiu que ele também seria divisor de águas na vida de outras pessoas.

 E não parou por aí! Ele continuou ouvindo, aplicou o método que você está vendo neste livro, começou a dar palestras sobre o que havia aprendido com seus erros no plantio. Uma coisa levou a outra e logo ele já estava percorrendo o Brasil, e foi até o Paraguai, contar suas experiências. Por saber ouvir, ele conseguiu lançar um curso digital e faturou mais de 240 mil reais em apenas uma semana.

Por isso eu digo: uma forma indiscutível de despertar todo o poder da sua comunicação é falar menos e ouvir mais!

PARTE VIII

Aceleração

21

O melhor combustível para acelerar seus resultados

É inegável que o álcool e a gasolina são os combustíveis mais comuns para veículos de passeio no Brasil.[46] No entanto, aos poucos vamos migrando para os veículos híbridos ou 100% elétricos, como já acontece em diversos países.

Se você aplicou todas as estratégias que você viu neste livro, e se continuar esse movimento com disciplina e foco, logo estará provando os frutos das suas ações.

Mas, quando o assunto é aceleração de resultados, qual seria o melhor combustível?

A resposta é alta performance.

O mundo esportivo nos dá bons exemplos disso. Sem alta performance, será que Usain Bolt seria considerado o velocista mais rápido do mundo?[47]

Será que, sem a alta performance, Daiane dos Santos, Oscar Schmidt, Edson Arantes do Nascimento, Ayrton Senna da Silva, Gabriel Medina e tantos outros atletas teriam construído tamanho legado? Ou seriam apenas "mais um" atleta comum?

Obviamente, nenhum deles conquistou nada sozinho. Foi preciso muito apoio dos técnicos, dos patrocinadores, dos colegas de equipe e de mais uma porção de pessoas nesse processo.

Mas vamos analisar por um momento apenas os atletas.

O que foi determinante para que eles alcançassem o auge da carreira?

---

46 QUAL o combustível mais usado no Brasil? **Fluxo de Informação**. Disponível em: https://fluxodeinformacao.com/biblioteca/artigo/read/12355-qual-o-combustivel-mais-usado-no-brasil. Acesso em: 9 jun. 2022.

47 CLARKE, J. Olympic Legends: Usain Bolt – the fastest man on the planet. **Guinness World Records**. Disponível em: https://www.guinnessworldrecords.com/news/2016/8/olympic-legends-usain-bolt-fastest-man-on-the-planet-438787. Acesso em: 9 jun. 2022.

Todos eles compartilham de um segredo muito especial – e que todo mundo sabe o que é: treino, treino, treino.

E você, comunicador designado? Você tem se dedicado aos seus treinos? Tem desafiado os seus próprios limites em busca da alta performance comunicacional?

Lembra o que falei sobre meu período escolar? Eu não era a aluna nota 10, porém me destacava por ser a mais esforçada da sala.

Os anos se passaram, e continuo agindo exatamente da mesma forma, agora em relação ao trabalho. Talvez eu não seja a melhor palestrante do país – e nem cabe a mim dizer se não sou, mas sim ao público.

Por outro lado, tenho certeza de que estou entre as mais esforçadas.

Mesmo com mais de uma década de experiência como palestrante, até hoje eu ainda treino antes de subir aos palcos. Mesmo fazendo lives e gravando vídeos toda semana, eu ainda tenho um momento na minha agenda para me preparar.

Eu faço fonoaudiologia, leio, estudo conteúdos relacionados à minha expertise, busco notícias sobre as inovações do mercado, converso diariamente com outros grandes comunicadores e me inspiro neles.

E, mais do que me preocupar só com o meu treino, eu também estou atenta à minha equipe.

O meu desejo é ver meu time superando as minhas estratégias e saber que eles podem tocar o negócio sem mim – e estou em movimento para isso, investindo pesado em treinamentos para eles e, pessoalmente, treinando cada profissional toda semana, em uma movimentação frenética e incansável.

Você provavelmente se recorda da faculdade que eu tinha em Fortaleza.

Naquela época, triplicamos o faturamento em um curto espaço de tempo. E qual foi o segredo dessa conquista? Exatamente, treinamento.

Fazíamos teatro de vendas, simulações, criávamos grupos de estudos de livros e vídeos, estudávamos conteúdos relevantes e todo dia explorávamos novas oportunidades, gerando dinamismo e desejo por aprendizado.

Muitas vezes, sou procurada por empresas que desejam uma palestra de fim de ano, uma sacudida na equipe para acelerar as vendas e os resultados. Costumo dizer que sim, é uma estratégia boa e válida, afinal, é melhor oferecer – ou consumir – um conteúdo rápido e motivador do que não fazer nada.

Entretanto, a melhor estratégia para aceleração de resultados é a constância, treinando uma vez por mês ou pelo menos a cada dois meses, e não apenas quando está no limite para fazer uma grande entrega. Quanto mais profunda e detalhada é a transmissão do conhecimento, maior é a absorção e a prática do conteúdo aprendido.

Dizem que santo de casa não faz milagre. Do mesmo jeito, mãe tem o hábito de dizer "eu avisei" e o filho nunca escuta.

Mas e nos negócios? O que acontece se o profissional da empresa, o "santo de casa" decidir treinar o time? Será que conseguirá a atenção e o desempenho máximo dos colaboradores?

Em um primeiro momento sim.

Seja treinamento externo ou interno, ambos os formatos de educação corporativa-comercial são bem-vindos. Os profissionais de RH e lideres de setor precisam aprender a gerar dinamismo porque a empresa nem sempre terá orçamento para contratar profissionais externos.

Ao mesmo tempo, é crucial levar vozes e ideias novas periodicamente. Esse choque de novidade tende a despertar a tão desejada alta performance que acelera resultados.

"Mas, Tathi, com que frequência devemos treinar nossos colaboradores?"

Essa é a pergunta que mais escuto em minhas andanças pelo Brasil e nos eventos realizados no exterior. A resposta é uma combinação de duas novas perguntas: o ser humano não precisa se alimentar todos os dias para se manter saudável?

Por que seríamos ingênuos de supor que a mente não precisa também de alimento diário?

Todos os dias, o colaborador merece passar por algum tipo de treinamento ou ter contato com algum conteúdo de educação corporativa-comercial, ainda que por alguns breves minutos. E, repito, isso vale para o colaborador e para você.

Com que frequência você acha que os atletas que citei como exemplo no início do capítulo treinam ou treinavam para obter tais resultados?

É disso que precisamos nas empresas e nos negócios em geral: lideres dispostos a treinar e colaboradores dispostos a aprender.

Com essas duas pontas convergindo, a aceleração dos resultados acontecerá exatamente de acordo com a meta traçada, porque cria-se um *rapport* — sintonia usada para entender o processo de comunicação do outro, interagindo da melhor maneira em busca de resultados positivos — em que todos estão com foco no desejo de vencer e com a mesma ânsia por colocar em prática a alta performance que treinam constantemente.

Antes de uma competição, o atleta de alta performance fica contando os minutos para entrar em cena, apresentar-se e mostrar ao mundo quão disciplinado foi.

Antes de entrar na empresa, o profissional de alta performance bem treinado sente algo bem parecido e preza em mostrar a todos que consegue porque treinou, estudou e se dedicou.

Antes de subir aos palcos, o comunicador designado repassa cada segundo de sua apresentação, ansioso pelos aplausos em êxtase do público.

Suor, caro leitor. É disso que estou falando.

Para fechar este capítulo, quero contar uma história que, para mim, é referência comportamental.

Certa vez, após uma palestra que ministrei como professora convidada em uma universidade federal, uma pessoa que estava na plateia veio falar comigo. Ela disse, olhando fixamente em meus olhos e com um enorme brilho empreendedor no olhar:

"Tathi, quero trabalhar com vocês. Nem que seja de graça. Quero aprender!"

A moça foi contratada e treinada. Pouco tempo depois, passou a ser uma das colaboradoras mais estratégicas da equipe, porque tinha a habilidade necessária para identificar problemas, desenvolver a solução, aplicar a correção e fazer o que ensino aqui: acelerar resultados. Em outro momento surpreendente, ela disparou a seguinte frase:

"Tathi, quero me tornar uma pessoa indispensável para o seu time!"

Enquanto muita gente tenta ser insubstituível (o que é impossível), ela queria ser **indispensável**. Ela tinha a visão de ser uma parte estratégica do time.

É isso o que acontece quando o comunicador designado gera valor à vida de quem está na audiência. Ele entrega soluções sobre as quais ninguém havia pensado ainda, com um brilho no olhar parecido com o dessa moça.

É disso que precisamos nas empresas e nos negócios em geral: líderes dispostos a treinar e colaboradores dispostos a aprender.

@TATHI_DEANDHELA

22

Perpetue sua comunicação

is o meu recado final, meu caro amigo comunicador.

Você percorreu uma longa jornada de autodescoberta. Conheceu os tipos de comunicadores e pode identificar quais são as características de cada um que mais combinam com você.

Se muniu de estratégias para formatar seu branding, passou a planejar seu conteúdo com uma visão mais direcionada.

Percebeu o quanto a sua história pode inspirar, educar e até transformar completamente o destino de alguém. Entendeu o verdadeiro poder do seu conhecimento e da sua comunicação.

Você viu os perigos da inércia e da indisciplina. Já sabe o que acontece com aqueles que desistem pelo caminho ou com aqueles que não conhecem o poder das palavras.

Ficou muito claro, nesta caminhada, que resultados acelerados e treino são como a flor e a abelha: se completam.

Você agora sabe o significado de ser memorável.

Por toda a sua dedicação para chegar até aqui, você está de parabéns! E eu espero, de coração, que esse não seja o fim, mas o começo de uma jornada enriquecedora.

Participe de treinamentos, se eduque com os melhores na sua área e busque as mais novas informações que o mercado disponibilizar.

Da minha parte, chego ao fim deste livro com a sensação de dever cumprido e com a alma leve por entregar minha terceira obra. Não sei se você se recorda, mas o que faço neste exato momento vai de encontro com o que vislumbrei um dia e repito aqui para inspirar você a definir **o seu** propósito empreendedor:

Deixarei um legado grandioso por meio de entusiasmo, determinação e inspiração para que, assim, eu possa ser lembrada como uma mulher que potencializou os talentos e a genialidade das pessoas.

Se você chegou até aqui, estou no caminho certo.

Estou torcendo para que coloque tudo o que você viu em prática e que, a partir de agora, as suas experiências sejam cada vez mais memoráveis e sua comunicação cada vez mais enriquecedora.

instituto deandhela.com.br/
▶ Tathiane Deândhela
📷 @tathi_deandhela

A sua história pode inspirar, educar e até transformar completamente o destino de alguém.

@TATHI_DEANDHELA

Indicações de livros

PRODUTIVIDADE
- *Faça o tempo trabalhar para você*, Tathiane Deândhela, Literare Books, 2020.
- *Faça o tempo enriquecer você*, Tathiane Deândhela, Editora Gente, 2020.
- A única coisa, Gary Keller e Jay Papasan, *Editora Sextante, 2021.*
- *Essencialismo*, Greg McKeown, Editora Sextante, 2015.
- *Trabalhe 4 horas por semana*, Timothy Ferris, Editora Planeta, 2015.
- SCRUM: *a arte de fazer o dobro do trabalho na metade do tempo*, Jeff Sutherland e J.J. Sutherland, Editora Sextante, 2019.
- *A arte de fazer acontecer: o método GTD* – Getting Things Done, David Allen, Editora Sextante, 2016.
- *Rápido e devagar*, Daniel Kahneman, Objetiva, 2012.

FINANÇAS PESSOAIS
- *Os segredos da mente milionária*, T. Harv Eker, Editora Sextante, 2013.
- *O homem mais rico da Babilônia*, George S. Clason, HarperCollins, 2017.
- *Pai rico, pai pobre*, Robert T. Kiyosaki, Alta Books, 2018.
- *Como aumentar o seu próprio salário*, Napoleon Hill, Citadel Grupo Editorial, 2017.
- *Quem pensa enriquece!*, Napoleon Hill, Citadel Grupo Editorial, 2020.
- *Me poupe!*, Nathalia Arcuri, Editora Sextante, 2020.

VENDAS, MARKETING E COMUNICAÇÃO
- *Tribos*, Seth Godin, Alta Books, 2018.
- *Nocaute*, Gary Vaynerchuk, Alta Books, 2019.
- *A estratégia do oceano azul*, W. Chan Kim, Renée Mauborgne, Editora Sextante, 2019.
- *Posicionamento: a batalha por sua mente*, Al Ries e Jack Trout, M. Books, 2009.
- *Como fazer amigos e influenciar pessoas*, Dale Carnegie, Editora Sextante, 2019.
- *TED: falar, convencer, emocionar*, Garmine Gallo, Editora Benvirá, 2017.
- *As armas da persuasão*, Robert B. Cialdini Editora Sextante, 2012.
- *Comunicação não violenta*, Marshall B. Rosenberg, Editora Ágora, 2021.
- *Comece pelo porquê*, Simon Sinek Editora Sextante, 2018.
- *Alcançando excelência em vendas* – Spin Selling, Neil Rackham, M. Books, 2008.

EMPREENDEDORISMO, LIDERANÇA E ATENDIMENTO AO CLIENTE
- *O jeito Disney de encantar os clientes*, Disney Institute, Editora Benvirá, 2012.
- *Faça como Steve Jobs*, Garmine Gallo, Editora Lua de Papel, 2010.

- *A arte da guerra*, Sun Tsu, Editora Gente, 2021.
- *A startup enxuta*, Eric Ries, Editora Sextante, 2019.
- *O gerente-minuto*, Ken Blanchard e Spencer Johnson, Record, 1983.
- *O monge e o executivo*, James C. Hunter, Editora Sextante, 2004.
- *As 21 irrefutáveis leis da liderança*, John C. Maxwell, Thomas Nelson Brasil, 2013.
- *A pirâmide do sucesso*, John Wooden, Editora Évora, 2011.
- *A lei do triunfo*, Napoleon Hill, José Olympio, 2014.

CRIATIVIDADE E INOVAÇÃO
- *Criatividade S.A.*, Ed Catmull, Rocco, 2014.
- *Roube como um artista*, Austin Kleon, Rocco, 2013.
- *Abundância: o futuro é melhor do que você magina*, Peter H. Diamandis e Steven Kotler, Alta Books, 2019.
- *Design Thinking*, Tim Brown, Alta Books, 2020.
- *O poder do mito*, Joseph Campbell, Palas Athena, 2014.
- *Organizações exponenciais*, Michael S. Maloni, Salim Ismail, e Yuri Van Geest, Alta Books, 2019.

INTELIGÊNCIA EMOCIONAL E DESENVOLVIMENTO PESSOAL
- *O milagre da manhã*, Hal Elrod, Editora BestSeller, 2016.
- *Atitude mental positiva*, Napoleon Hill, Citadel Grupo Editorial, 2015.
- *As 5 linguagens do amor*, Gary Chapman, Editora Mundo Cristão, 2013.
- *Poder sem limites*, Tony Robbins, BestSeller, 2017.
- *Foco*, Daniel Goleman, Objetiva, 2014.
- *Inteligência emocional*, Daniel Goleman, Objetiva, 1996.
- *O homem mais inteligente da história*, Augusto Cury, Editora Sextante, 2016.
- *O poder do subconsciente*, Joseph Murphy, BestSeller, 2019.
- *Desperte o seu gigante interior*, Tony Robbins, BestSeller, 2017.
- *Mindset: a nova psicologia do sucesso*, Carol S. Dweck, Objetiva, 2017.
- *O poder do agora*, Eckhart Tolle, Editora Sextante, 2004.
- *Descubra seus pontos fortes*, Don Clifton e Tom Rath, Editora Sextante, 2019.
- *Ferramenta dos titãs*, Tim Ferriss, Intrinseca, 2018.
- *O jogo interior do tênis*, W. Timothy Gallwey SportBook, 2019.
- *A coragem de ser imperfeito*, Brené Brown, Editora Sextante, 2016.
- *Flow*, Mihaly Csikszentmihalyi, Objetiva, 2020.
- *Os 7 hábitos das pessoas altamente eficazes*, Stephen R. Covey, BestSeller, 2017.
- *O poder do hábito*, Charles Duhigg, Objetiva, 2012.
- *Quem mexeu no meu queijo?*, Spencer Johnson, Record, 2017.
- *Como evitar preocupações e começar a viver*, Dale Carnegie, Editora Sextante, 2020.
- *O jeito Harvard de ser feliz*, Shawn Achor, Editora Benvirá, 2012.
- *Mais esperto que o diabo*, Napoleon Hill, Citadel Grupo Editorial, 2014.
- *Propósito*, Joey Raiman, Alta Books, 2018.

Este livro foi impresso
pela gráfica Edições Loyola
em papel pólen 70g
em julho de 2022.